35 años después

35 años después

Johnny Nuñez

www.librosenred.com

Dirección General: Marcelo Perazolo
Diseño de cubierta: Daniela Ferrán
Diagramación de interiores: Julieta L. Mariatti

Está prohibida la reproducción total o parcial de este libro, su tratamiento informático, la transmisión de cualquier forma o de cualquier medio, ya sea electrónico, mecánico, por fotocopia, registro u otros métodos, sin el permiso previo escrito de los titulares del Copyright.

Primera edición en español - Impresión bajo demanda

© LibrosEnRed, 2013
Una marca registrada de Amertown International S.A.

ISBN: 978-1-59754-912-7

Para encargar más copias de este libro o conocer otros libros de esta colección visite www.librosenred.com

Un día cualquiera, me propuse escribir algo sobre mis años de exilio.

Comencé sin saber dónde terminaría, incluso, sin todavía encontrar un título a este trabajo.

Durante todo ese tiempo, más cosas fueron sucediendo y agregándose. Hasta que, finalmente, llegué a mi meta, cuando volví a Sudamérica 35 años después.

Quisiera dedicar este trabajo a la Asociación de Familiares de Presos Políticos Desaparecidos, de Santiago de Chile, cuyos integrantes mantuvieron por muchos años la llamita de la esperanza y la resistencia a pesar de la represión de la tiranía.

Gracias al trabajo y la cooperación de Kathia Meza (Australia), María E. Porras (Colombia) y Vanessa Pulgarín (Colombia), fue posible que este libro fuera hecho y se convirtiera en una realidad.

Prólogo

Johnny Núñez salió de Chile un día cualquiera, sin dinero y sin ningún contacto en el exterior. Lo único que tenía en su mente era cruzar la frontera y llegar al Perú. De ahí en adelante todo sería ganancia, ya que estaría con vida y podría desarrollar su trabajo político en contra de la dictadura de Augusto Pinochet, quien, por medio de un golpe militar y apoyado por el Gobierno de los Estados Unidos a través de la CIA, rompió la vida democrática chilena, el 11 de septiembre de 1973.

En su exilio, que duró 35 años, en siete ciudades distintas y en tres países diferentes, Johnny Núñez conoció mucha gente de variados niveles, político y social, y pudo desarrollar diversos trabajos, aprender otro idioma más y terminar su vida de exilio, de una manera que él jamás pudo imaginar.

Cap. I

Todo parecía indicar que esa mañana era el comienzo de un día más, un día como cualquier otro, en esa pequeña ciudad del norte de Chile, un lugar llamado Arica. La gente se dirigía a sus trabajos y los estudiantes a sus colegios, el resto de la población a sus lugares favoritos, como por ejemplo la playa, punto de reunión de muchas personas que gustaban de disfrutar, desde temprano, del clima magnífico de esa ciudad.

Yo, por mi parte, ya estaba en mi lugar de trabajo a las 8 de la mañana y había comenzado mis labores como cada día, pensando que ese día 11 de septiembre de 1973 podía ser un día cualquiera. Cuánta gente habría pensado lo mismo y sin embargo qué lejos estábamos de la realidad, que a esa hora ya era un triste hecho en la capital, Santiago de Chile.

Ese día sería el comienzo de algo que transformó la vida de miles de habitantes, no solamente de Chile sino del mundo entero. Cambió el rumbo de muchas familias y fue el principio del fin de muchos que perdieron su vida, tal vez pensando en un ideal o simplemente por una jugada del destino, que ya estaba marcado.

La puerta se abrió y apareció la vecina de la casa de al lado, con cara de asombro y no creyendo lo que escuchaba en una pequeña radio portátil que tenía en sus manos.

La Comandancia del Ejército de Chile anunció que, a partir de ese momento, una junta militar se hacía cargo del Gobierno de este país. La voz se escuchaba con un timbre de autoridad. El comunicado se repitió tres o cuatro veces más. Nosotros, los que estábamos en ese instante ya cerca del receptor, no lo podíamos creer y pensábamos que estábamos escuchando mal.

De pronto, la voz de un compañero de trabajo exclamó:

—¡Los milicos se decidieron! —Y acto seguido agregó un montón de malas palabras y salió corriendo hacia la calle.

—¡No puede ser! —exclamó Antonio, un hombre que siempre había conservado la calma y que ahora parecía nervioso.

Mi mente trabajó de inmediato a una velocidad vertiginosa y recorrió, en segundos, muchas calles de Santiago. Pude ver, a la distancia, el caos que en ese momento se producía y pude imaginar en forma totalmente equivocada la reacción de varios compañeros, que siempre estuvieron hablando y preparándose para el enfrentamiento, que según ellos arreglaría todo.

—Por favor, déjenos la radio —le pedí a la vecina que todavía no decía palabra alguna. Ella, sin responder, dejó el aparato encima de unas cajas con herramientas y con paso lento y la mirada fija, pero sin ver, salió como queriendo huir de algo que no creía.

—¿Qué te parece la noticia? —preguntó Jacinto, otro compañero de trabajo, como para romper el hielo que se había producido.

—Me parece que hay que conectar otra radio que tenga onda corta —respondí casi automáticamente—, ya que los milicos no nos van a dar grandes detalles y, si lo hacen, lo harán a la manera de ellos. —De inmediato, nos conseguimos otra radio y conectamos en onda corta algunas emisoras del exterior, que ya estaban informando de lo que sucedía en Santiago de Chile.

"Esta es Radio Nacional de España. A tempranas horas de la mañana de hoy, hora local, en Santiago de Chile, se ha producido un golpe de Estado", decía el locutor. "Según las últimas informaciones, el Ejército ha atacado el Palacio Presidencial, y la aviación ha bombardeado con potentes Rocket las instalaciones del edificio; hasta este momento, no se sabe la cantidad de víctimas fatales ni tampoco cómo se encuentra el presidente constitucional Salvador Allende. Seguiremos informando a medida que consigamos más noticias, a través de nuestros servicios de prensa acreditados en ese país".

—Parece que hasta aquí nomás llegó nuestro trabajo por el día de hoy —dije con voz calmada, pero autoritaria—. Hay que tratar de contactar a nuestros compañeros y ver qué podemos hacer en esta ciudad. —Acto seguido, salí pensando que todo era una pesadilla y nada era real.

—Espérame un momento —dijo Antonio—, yo voy contigo.

Estábamos ya listos para irnos, cuando, en la radio de transistores que todavía seguía funcionando, otro comunicado del Ejército anunció que la situación estaba bajo control y que la población tenía que retirarse a sus hogares, porque en algunas horas más se impondría el toque de queda.

Esa mañana, caminamos de un lugar a otro sin poder encontrar a ningún dirigente de los partidos políticos que, hasta el día anterior, se habían paseado en forma arrogante por toda la ciudad, hablando de la unidad del proletariado; haciendo discursos de salón y mostrando una valentía de combate político y armado, que a la postre resultó todo un engaño para ellos mismos y para los compañeros que creían en sus palabras.

—Sabes una cosa, Antonio —dije con rabia—, estos ratones de alcantarilla, que han usado su posición de políticos para beneficio personal, ya deben estar escondidos en algún lugar, con los pantalones mojados por el susto.

—Pero no puede ser —me contesto él, casi en forma molesta. Nos miramos, sin saber a qué atenernos, y continuamos caminando.

—Estoy súper cansado —dijo de pronto mi compañero—, mejor nos vamos a la casa. —Cada uno se fue con rumbo diferente.

En el camino de regreso, yo seguía pensando y tratando de entender, pero no lo conseguía. Recordaba conversaciones y reuniones donde se decía cualquier cosa menos renunciar a los ideales partidarios.

Ese sería el primer ejemplo completo de la falsa formación política de muchos dirigentes. Luego, a través de los años y en diferentes lugares y ocasiones, comprendería, y con mucho dolor, que la política chilena sufría de un cáncer maligno, llamado simplemente la figuración y vanidad personalista.

Al llegar a la plaza central, casi por milagro encontré a un compañero de uno de los grupos de izquierda, que siempre había estado alentando la lucha armada. Al verme, al principio quiso ignorarme y hacer como que no me conocía, pero yo me acerqué a él en forma rápida y le dije:

—Menos mal que encuentro a alguien.

Él me miró de reojo y me respondió:

—Es mejor que no hablemos, estamos vigilados.

—Pero tenemos que hacer algo —le repliqué.

Él trató de alejarse, mas yo me puse a su lado y caminando conversamos con frases entrecortadas.

—La cosa llegó antes de lo que pensábamos —dijo en un momento de nuestro camino.

—¿Dónde guardaste la herramienta? —le pregunté refiriéndome a un viejo fusil que yo no sabía de dónde él había sacado, y con el cual pasaba horas y horas ensayando para la lucha armada. Además de vestirse al estilo guerrillero con pelo largo y bigotes, como pareciendo inspirarse en el Che Guevara,

siempre decía que la lucha armada era el único camino y había que prepararse.
—Lo dejé por ahí —fue su respuesta.
—Por ahí dónde —le insistí.
—Está en un lugar seguro —replicó.
—Ojalá que así sea —le contesté—. ¿Pero tomaste alguna precaución? —agregué.
—Claro que sí —me dijo—. Si ni la misma gente que vive en esa casa sabe que está ahí.
Rápidamente traté de pensar dónde era ese lugar e insistí:
—Pero compañero, no te das cuenta del problema y el peligro al que estás exponiendo a esas personas. P... que eres valiente —le dije con desprecio.
Casi no escuchó mi comentario y trató de desviar la conversación hacia otro punto. Pero yo lo obligué a que me dijera dónde había dejado el fusil y le repliqué:
—Tienes que ir a sacarlo de ahí y guardarlo en otro lugar.
Todo fue inútil, no quiso entender, y el valiente guerrillero mostró la hilacha y se desinfló.
—Es que me da miedo volver a esa casa, tú sabes que en la familia de mi novia nunca me quisieron y, si me pillaran en esto, me entregarían en un segundo.
—No te preocupes, valiente de cartón —contesté—, trataré de arreglar el asunto, solamente porque tu novia es una muchacha que no merece esta clase de peligros y además ha sido víctima de tu falsa imagen de hombre.
No me miró, y sin decir nada apuró el paso para terminar nuestra conversación bruscamente.
Lo vi alejarse en forma apresurada y yo seguí pensando en su valentía, que en realidad había sido solo una pantalla para impresionar a toda la gente que le conocía.
Esa noche llegué al lugar con un pretexto cualquiera y hablé claramente con Ana María, que era el nombre de la niña. Al verme y escuchar la situación, ella no lo podía creer, para ella fue

una desilusión muy grande y dolorosa. Al final, la convencí de que me dejara entrar a su dormitorio; detrás de un armario de libros y envuelto en unos pedazos de género, estaba el fusil. Lo saqué rápidamente y me despedí de ella, tratando de darle ánimo, pero parece que Ana María no me escuchaba, solamente vi en sus mejillas algunas lágrimas que dejaban ver su dolor y desprecio por alguien a quien ella tenía como su ídolo.

No fue muy fácil encontrar un sitio donde deshacerme del arma, pero fue una operación que yo consideré fácil a pesar del peligro, y hasta ahí nomás llegó ese capítulo de un héroe de barro.

Cap. II

Los días siguieron pasando y, en ese lugar tan hermoso y tranquilo, la gente parecía que estaba fuera de lo que sucedía en la capital. No se veía nada anormal, solamente las noticias informaban de los acontecimientos, pero la realidad era otra.

Durante la noche, los militares allanaron muchas casas y detuvieron a sus habitantes. Varios conocidos míos fueron a parar a la cárcel, unos por sospecha y otros porque fueron delatados a las fuerzas militares, debido a sus actividades anteriores. En ese lugar tan pequeño como era Arica, todo el mundo se conocía y era muy difícil ocultarse; y la operación de los militares era idéntica a la que llevó a cabo la Gestapo de Hitler.

Los dirigentes políticos todavía brillaban por su ausencia, nadie sabía nada de nada. Yo, por mi parte, tomé mis precauciones y empecé a vivir en distintos lugares, a veces dormía en tres o cuatro casas diferentes en una semana.

No quiero decir que yo era una figura importante políticamente hablando, pero siempre realicé abiertamente mis actividades, especialmente en los asuntos sindicales, y nunca oculté nada.

Ahora todo eso era suficiente como para ser detenido en cualquier momento.

Ya habían pasado dos semanas después del golpe, y la máquina represiva ya estaba montada.

"Qué hago", me pregunté a mí mismo, una noche que estaba escuchando la radio en onda corta. Según las informaciones, el país estaba completamente bajo control militar, los caminos hacia Santiago estaban controlados en varios puntos y 2.400 kilómetros que nos separaban de la capital eran una distancia muy larga como para intentar volver hacia allá. A veces, tuve la intención de arriesgarme y casi me decidí, pero mi mente fría me hacía reaccionar en forma correcta.

"Trataré de aguantarme hasta donde pueda y esperar una oportunidad", me decía cada mañana que comenzaba un nuevo día, esperando salir bien de esta tensión y angustia que se iban apoderando de mí. Al no poder desplazarme libremente, no podía trabajar en forma permanente y el dinero empezó a hacerse muy escaso, lo que significaba que a veces el almuerzo y la comida se perdían por varios días.

Comencé a bajar de peso y a perder el sueño. En las noches y en muchas oportunidades, no dormía y escuchaba claramente cuando pasaban los camiones militares. En ocasiones, se detenían casi en la misma puerta del lugar donde yo me encontraba por algunos días, y la tensión de ser detenido iba creciendo. Cualquier ruido me ponía los pelos de punta.

Realmente no se podía vivir así.

Ya estaba cerca la Navidad, y la situación no había cambiado para nada. Durante el día, todo el mundo disfrutaba del sol y la playa, parecía una vida totalmente normal, incluso se hablaba de que el jefe de la Comandancia de Arica era un hombre muy bueno. Pero durante la noche seguían deteniendo gente.

El comercio, que siempre fue la existencia de esa ciudad, se desarrollaba con normalidad, y los ciudadanos peruanos y bolivianos comenzaron a cruzar la frontera chilena, como lo habían hecho por varios años en forma regular. Mucha gente viajaba a Tacna, ciudad peruana al otro lado de la frontera y a pocos kilómetros de Arica.

Los controles parecía que se habían abierto y no había problemas. Pero yo siempre pensaba que todavía era muy pronto como para intentar cruzar, ya que la idea de volver a Santiago la había descartado definitivamente. En todo ese tiempo, yo venía conversando con mi esposa la posibilidad de salir del país hacia la ciudad de Tacna. En realidad, a ella no le gustó desde el principio y en muchas oportunidades terminamos nuestra conversación con recriminaciones y frases fuertes.

Mi esposa nunca participó en nada y decía que toda la gente de izquierda estaba equivocada. Teníamos una hija de casi 5 años y ella no entendía nada, solamente vivía en su mundo de inocencia que en varias oportunidades me causó mucho dolor, especialmente cuando pasábamos hambre y ella preguntaba por qué sucedía todo esto.

Era ahí cuando las fuerzas parecían terminarse y venían a mi cabeza ideas locas, aunque siempre mantuve el control de mis pensamientos y me daba la energía que necesitaba para seguir adelante. No era fácil, pero había que apechugar.

—Vamos a Tacna a hacer un movimiento —me invitó un día un amigo que era comerciante.

—No creo que pueda —le contesté—. Tú sabes que el billete no anda muy bien y además la situación sigue igual.

—No importa, yo te paso un billetito y después me lo devuelves —me ofreció en forma espontánea.

—Mira —le respondí—, si quieres ayudarme, averíguame en Tacna cuánto vale un pasaje en bus para la ciudad de Lima y por cuánto tiempo es válido.

—Bueno —me dijo, prometiendo darme la respuesta al día siguiente.

Me quedé pensando en la idea y traté de ver más allá de lo posible. Al llegar de vuelta a la casa donde vivíamos en ese momento, le comenté a mi señora lo de la conversación con mi amigo, sin saber que justamente ahí estaba comenzando el inicio de un camino que no tendría retorno, hasta 35 años después.

—Parece que la situación no va a cambiar nunca aquí en Arica —le dije a ella— y es muy difícil volver a Santiago, qué te parece si intentamos ir al Perú —propuse en tono claro.

—¿Y dónde llegaríamos? —fue su pregunta casi instantánea, para agregar—: ¿Y cómo vamos a pasar la frontera?

—No sé —respondí, mirando hacia un lugar indeterminado—. Pero si hay que hacer algo, hay que hacerlo —dije con firmeza.

—Bueno, lo dejo a tu criterio —contestó mi esposa, recordándome que teníamos una hija a la cual debíamos proteger y cuidar.

Yo pensé lo mismo y me prometí que cualquier cosa que sucediera en el futuro no afectaría a nuestra hija. Ella era una niña como muchas otras de su edad, que no entendería nunca por qué sus padres pasaban por esa situación.

Incluso se dio el caso, en varias oportunidades, de que los padres estaban escondidos en algún lugar de la casa, como por ejemplo el entretecho o bajo el piso en hoyos cubiertos con ramas y basura, y cuando los militares llegaban a hacer los allanamientos, los pequeños, sin saber nada, les decían dónde estaban sus padres y estos eran detenidos. En otras ocasiones, a los colegios llegaban damas con algunos regalos para los niños y con un rostro muy amable, pero ellas iban solo a interrogar a los pequeños, tratando de no causar sospechas, sobre el paradero de algún miembro de su familia.

La máquina represiva militar se encontraba en todas partes y la población en general comenzó a sentir desconfianza entre ellos mismos. Hubo informadores que, para salvarse ellos o para conseguir dinero para comer, delataron a amigos o compañeros de toda su vida. También hubo quienes nunca sintieron con honestidad el proceso político y únicamente fueron oportunistas; aquellos se transformaron no solo en informadores, sino además en traidores. Con el correr del tiempo, pudimos saber de la suerte de algunos de ellos, los cuales terminaron sus días suicidándose y despreciados incluso por sus jefes militares. Otros trataron de huir y cambiarse la identidad, pero siempre eran ubicados, ya que en el lugar que ellos fueran siempre habría un testigo que los reconocería.

Al día siguiente, me levanté temprano y me encaminé rápidamente a la feria, para encontrarme con mi amigo y saber del encargo que le había hecho el día anterior. La suerte parecía que no estaba conmigo esa mañana o tal vez sí, ya que, dos cuadras antes de llegar a la feria, percibí algo anormal e instintivamente me puse en alerta.

En pocos segundos, cambié mi rumbo y me alejé rápidamente del lugar; cuando iba cruzando una calle, vi un gran camión militar que iba a la feria sin disminuir la velocidad en ningún instante y sin importarle al chofer de la gente que cruzaba o de los otros vehículos que circulaban por el lugar. En ese momento se estaba produciendo otra "operación peineta". Esto consistía en cerrar y acordonar un sector de la ciudad por sorpresa y formar, en una larga fila, a todos quienes se encontraban allí para interrogarlos uno por uno. Esa operación se repitió por mucho tiempo en muchos sitios, y a cualquier hora del día o de la noche.

Anduve el resto del día de un lugar a otro, tratando de no parecer sospechoso y preguntar por mi amigo, el cual fue detenido por varios días y nunca se supo por qué lo hicieron. Simplemente, según me contó después, cuando llegaron los camiones militares, los comerciantes trataron de guardar sus mercaderías rápidamente para evitar destrozos o pérdidas. Un milico llegó al puesto de mi amigo y tomó una pequeña radio de transistores y se la puso en el bolsillo.

Mi amigo le preguntó si quería comprarla y le indicó el precio. El militar no respondió nada e hizo un gesto a otro que se encontraba cerca. Eso sucedió en uno o dos minutos y mi amigo fue detenido. Cosas como esta se repetían todos los días y no había forma de reclamar, ya que sería peor, y también a quién se le podía reclamar si los ladrones eran la autoridad del país en esos momentos.

Al final, conseguí la información que necesitaba y supe del valor del pasaje en bus desde Tacna hasta Lima; ahora, había que preparar el viaje y esperar el momento oportuno. No era fácil cruzar la frontera sin tener una buena justificación para los controles militares.

La idea de salir del país ya estaba muy adentro de mi mente y día a día pensaba cómo podía hacerlo.

A veces, creía que podía alcanzar la línea sin mayores problemas, pero por alguna razón desistía y seguía esperando, hasta que una noche, un compañero con quien me había mantenido en contacto permanente por el último tiempo, y que también me había ayudado de diferentes maneras, llegó hasta el domicilio donde me encontraba. Al verlo tan de sorpresa, ya que no lo esperaba, pensé inmediatamente que algo estaba sucediendo.

—Tengo algunas novedades —me dijo en forma calmada—, espero que me entiendas y decidas rápido, ya que no tienes mucho tiempo.

Al escuchar esto, le pedí que fuera claro y me explicara lo que pasaba.

—¿Te acuerdas de aquel hombre con el que tuviste problemas en varias oportunidades, cuando eras el presidente del Sindicato? —me preguntó.

—Claro que me acuerdo —le respondí.

—Bueno, ahora él está ocupando un puesto en la Gobernación de Arica y, según mis informaciones que son bastante seguras, puedo decirte que estás en peligro de ser detenido, ya que él se está acordando de ti muy seguido y está tratando de saber dónde te encuentras.

Escuchar esto no me causó sorpresa, ya que desde el principio pensé que algún día llegaría mi turno, pero sí me alarmó saber que este hombre conocía mucha gente que se había cruzado conmigo en los últimos meses.

—Tienes que actuar rápido —insistió este compañero que hasta último momento estaba demostrando su verdadera integridad al exponerse él mismo por estar en contacto conmigo.

—Muy bien —le dije—, agradezco tu apoyo y la confianza que has tenido en mí, y pase lo que pase siempre me acordaré de ti. Ahora es mejor que te vayas porque ya es muy tarde, que yo comenzaré a prepararme para salir esta madrugada.

Él me miró a los ojos fijamente por algunos segundos y, acto seguido, me dio un fuerte abrazo murmurándome al oído:

—Yo sé que vas a salir adelante, porque siempre has tenido esa fuerza y confianza en lo que haces y que es lo que a mí me ha faltado. —Sin decir nada más, salió de la vivienda y se perdió en la oscuridad de la noche.

De inmediato, tracé un plan y entré a la habitación donde dormían mi esposa y mi hija.

—Despierten —les dije, tratando de ser suave para no ponerlas nerviosas—. Preparemos algunas cosas, porque en algunas horas más nos vamos de aquí.

—¿Qué pasó? —preguntó mi señora.

—Nada nuevo —le respondí—. Simplemente que ha llegado la hora de partir. Prepare algo de ropa para la niña y busque la mejor ropa que pueda lucir, porque intentaremos salir de una manera diferente a como lo han hecho casi todos.

Acto seguido le expliqué el plan, el cual aceptó porque no tenía otra alternativa, pero yo creo que dentro de sí ella quedó con algunas dudas.

La noche fue quedando atrás y la madrugada daba paso a un nuevo día.

Cap. III

Eran las 6 y 15 minutos de la mañana cuando cerramos la puerta de la casa y nos dirigimos hacia el centro de la ciudad. Yo lucía mi mejor traje y una corbata sobria que me daban un aire de ser una persona de buena situación; mi esposa lucía un vestido de calidad y zapatos casi nuevos, y nuestra hija también vestía su mejor ropa.

Llegamos a las puertas de la oficina de la agencia de taxis que hacían el recorrido de Arica a Tacna; pregunté si había algún taxi disponible y el encargado me respondió:

—Autos hay un montón. Pero usted tiene que esperar a que lleguen más pasajeros, porque todavía es muy temprano.

—No necesito esperar —le contesté—, porque yo quiero alquilar un taxi exclusivamente para mí y mi familia. —El hombre me miró ahora con más respeto al pensar que estaba tratando con una persona de dinero, ya que nadie alquilaba un taxi en esa forma, pues era bastante caro.

En algunos minutos más, ya estábamos instalados en un moderno coche y salíamos rumbo a la frontera.

—¿Y cuál es la razón de su viaje, señor? —me preguntó el chofer, como para iniciar algún tipo de conversación.

—Vamos a Tacna, al doctor especialista, que mi hija está enferma y aquí en Arica no me gusta ningún doctor.

—El tratamiento le saldrá bastante caro, si tiene que viajar seguido y en la forma como usted lo está haciendo —me dijo el chofer.

—No me importa cuánto sea, ya que dispongo de los medios para hacerlo —contesté de manera cortés pero tajante, para no seguir dando detalles.

Inmediatamente comencé a conversar con mi hija y con mi esposa, dando la impresión de una calma y seguridad que no reflejaban en nada el volcán que había dentro de nosotros. Antes de salir, le habíamos pedido a nuestra hija que tratara de estar tranquila y que, si alguien se acercaba al auto, fingiera que estaba durmiendo. Le explicamos con mucha calma lo que pretendíamos hacer, y ella lo entendió muy bien.

El coche se deslizaba velozmente por la ruta y ya se divisaba el control militar chileno, que era el primero, ya que al otro lado estaba el control peruano, pero ese a nosotros no nos preocupaba mucho. Al detenerse el vehículo frente a la frontera, le indiqué al chofer que se bajara él solo a hacer los trámites de salida, y que si había algún problema, que me avisara. El chofer salió del auto y se dirigió al lugar donde estaba la ventanilla y donde se encontraba un guardia con cara de sueño; de reojo, miré alrededor y vi un pequeño edificio donde estaban el resto de los militares encargados del control. Pensé que la cosa caminaba bien, ya que alcancé a escuchar que el chofer le insistía al guardia que sus pasajeros eran gente de plata y que iban a Tacna a ver al doctor y volverían durante el día. De pronto, el guardia se levantó y salió de su puesto hacia donde estábamos nosotros en el coche.

—Buenos días, señor —dijo.

—Muy buenos días, oficial —le respondí, en forma muy amigable y cortés.

—¿Podría usted decirme la razón de su viaje tan temprano, por favor?

—Pero naturalmente, vamos a Tacna a que el especialista vea a nuestra hija, ya que en Arica no hay ningún doctor que nos dé confianza y vamos a esta hora para que nos atienda de los primeros y poder volver luego, pues debo ver mi negocio acá en la ciudad.

—¿Es usted comerciante? —me preguntó casi con duda, mirándonos la ropa que teníamos puesta.

—No, cómo se le ocurre, de eso no se vive muy bien —le dije en tono arrogante—. Tengo una pequeña industria que me permite vivir cómodamente y darme algunos gustos de vez en cuando, aunque sean caros.

El guardia me miró pensando en la diferencia que había entre nosotros y tal vez sintiendo alguna envidia, sin siquiera sospechar de la verdad.

—Tal vez, si nos encontramos en alguna otra ocasión, podría hacerle alguna atención —le dije, dándole una esperanza de recibir dinero, como ellos estaban acostumbrados—, total el mundo es muy chico, especialmente aquí en Arica —agregué casi en forma sarcástica.

—Muy bien, señor, espero verlo más adelante y le deseo un buen viaje —dijo, entregándole los documentos al chofer, para poder continuar el viaje.

Nuevamente el coche se puso en marcha y nosotros respiramos más tranquilos, pensando que la parte más peligrosa ya había pasado y constatando, una vez más, que los serviles están en todas partes y a cualquier hora.

La actitud de ese guardia no es nada diferente de lo que ha sido siempre frente al opulento y magnate, quien constantemente ha sido tratado con respeto. Al gran señor de los negocios y las compañías nunca se le han cerrado las puertas de ningún lado, y la gente siempre se ha agachado ante ellos. Ahora yo estaba usando esa psicología para poder salir de mi país, al cual no vería en más de 30 años.

Al pensar en este plan, me di cuenta de que la manera más segura era, justamente, impresionar al guardia que estuviera de turno en el control y mostrarle la diferencia que existe cuando ellos se encuentran con una persona de una posición económica muy sólida.

El coche seguía avanzando y la ciudad de Arica iba quedando atrás; tal vez en una forma instintiva, le dije de pronto a mi esposa:

—Mire hacia atrás y vea cómo nos alejamos de nuestra tierra, piense que quizás esta podría ser la última vez que vemos esta ciudad y tal vez no podamos volver.

Ella miró y no respondió nada.

—Ahora miremos hacia delante y tratemos de llegar a algún lugar donde vivir —agregué en voz alta—, ¿dónde vamos?

—No sé, lo único que sé es que todavía estamos con vida y que cualquier lugar del mundo podría ser mejor, y que tal vez las cosas puedan ser diferentes y no exista la tensión nerviosa que hemos vivido durante los últimos meses.

—En algún lugar nos quedaremos para empezar de nuevo y, total, la vida tendrá que continuar —dije, como para darme ánimo. Nuestra hija escuchaba en silencio; yo creo que, dentro de su corta edad, ella entendía lo que estaba sucediendo.

En ese momento, el chofer del taxi preguntó de sorpresa y sin rodeos:

—¿Así que ustedes también se van, para salvar el pellejo de la Junta?

—Sí —fue mi respuesta, sin agregar nada más.

—Ojalá yo también pudiera hacer lo mismo—dijo él—, la cosa aquí no da para más.

—¿Y por qué no se decide? —le pregunté.

—No sé —dijo—, tal vez me falta más valor, ya que no tengo ningún contacto afuera. Y no es fácil salir, si no se tiene nada arreglado.

—Pero si usted no tiene otra alternativa, debe jugarse la última carta —le repliqué.

—Sí, es verdad —contestó, haciéndome pensar lo que siempre afirmé.

El ser humano casi en general le tiene miedo a lo desconocido, no da un paso hacia delante si no sabe dónde va o dónde podría comer o dormir la siguiente noche.

Existen millones y millones de personas que prefieren seguir padeciendo y sufriendo, antes de arriesgarse a salir sin tener un punto donde llegar. En mi caso, yo siempre pensé que lo principal de todo era mantenerse vivo y en libertad; después de ahí, cualquier cosa era todo ganancia. Quizá yo nunca perdí la calma o, tal vez, el miedo me hacía actuar con tanta sangre fría.

Hay muchas personas que niegan tener miedo. Yo creo que eso es sentir muy poco de la vida. Porque así como se siente el hambre, el frío o el calor, así como se siente la alegría, la satisfacción de un triunfo o el placer, según fuera el caso, el miedo también es parte de las sensaciones de un ser humano. Sentir miedo no significa que la persona sea cobarde, ya que este impulsa por inercia a hacer cosas que requieren mucho valor.

Así estaba, tan sumido en mis pensamientos, que no me di cuenta de que ya llegábamos al próximo control, en tierra peruana. El chofer de nuestro taxi, que había respetado mi silencio, me dijo con mucha calma y tal vez con una alegría cómplice de nuestra fuga:

—No se preocupe, mi amigo. Aquí no habrá ningún problema, los peruanos saben que, de diez personas que pasan por aquí, ocho o nueve no vuelven, y ellos entienden la razón.

—Espero que sea así —contesté—, ya que no sería lindo tener que volver atrás.

Los trámites de entrada al Perú tomaron solamente dos minutos; el guardia ni siquiera preguntó nada y a lo mejor ni miró cuántas personas iban en el auto, timbró los papeles casi en forma automática y dio la pasada.

Cap. IV

Ese día era el 10 de mayo de 1974. Ahora sí que podíamos respirar más tranquilos. A lo mejor, estuve esperando ese momento por mucho tiempo, ya que no me dio gran emoción, solamente sentí algo dentro de mi corazón, como queriendo decir adiós a tantas cosas y personas, a lugares que fueron parte de mi vida; sentí como si estuviera naciendo de nuevo, pero con la diferencia de que no tenía una madre que me amamantara.

En ese momento, recordé mis años de infancia junto a mi familia, especialmente junto a mi hermano mellizo, a quien perdí físicamente a la edad de 23 años; digo físicamente porque, para mí, hasta el día de hoy, cuando estoy escribiendo estas líneas, él nunca me ha dejado. Y en ese momento, cuando iba saliendo de mi país, pasaron por mi mente muchos recuerdos, algunos gratos y otros tristes. Pero interiormente me sentí fuerte y seguro de lo que estaba haciendo.

Agradecí, en forma sincera y de todo corazón, a todos aquellos que de alguna manera me ayudaron o me acompañaron. También sentí una pena muy grande por aquellos que perdieron su vida o habían sido detenidos, y nunca tuvieron ni siquiera la oportunidad de decidir su futuro. Yo en cambio no sabía dónde iba, solamente hacia delante, con la mente fija en hacerle frente al mundo para poder subsistir.

El resto del viaje hasta la ciudad de Tacna se realizó sin problemas y parecía que era lo más natural del mundo. Cuando llegamos al paradero final y ya estábamos con nuestro pequeño equipaje, el chofer del taxi me estrechó la mano y me deseó toda clase de suerte, sin agregar nada más como para evitar su emoción, que yo ya había percibido; se subió al coche y se alejó rápidamente.

Nosotros nos quedamos en esa calle por un par de minutos y sin decir palabra alguna, como tratando de organizar el siguiente movimiento.

Cuando nos decidimos a romper el silencio, dije a mi hija:

—Este es otro país, pero la gente habla el mismo idioma, no tendremos ningún problema para comunicarnos —le agregué en forma simple.

—Yo pensaba que en otros países la gente hablaba distinto —respondió ella.

—Claro que hablan distinto, con otra forma de entonación, pero siempre es nuestro idioma, nuestra Latinoamérica, es el lugar del mundo más rico por diferentes razones —le expliqué—, son muchos los países que están unidos por un idioma común y cada uno con su propia cultura. Sin embargo, estamos divididos por los intereses clasistas y la entrega vergonzosa de muchos gobiernos a las compañías extranjeras.

—No sé si mi hija me entendió la mitad de lo que le dije.

Ella me miró con su cara de inocencia y me contestó que era como yo decía.

—¿Ahora a dónde vamos? —preguntó mi esposa, dando señales de vida, ya que durante todo el viaje había hablado muy poco.

—Vamos a la oficina de los buses —dije—, para saber si podemos continuar viaje hoy mismo hacia Lima.

Acto seguido, comenzamos a caminar en dirección a la oficina; a nuestro alrededor, la vida parecía normal, mucha gente en las calles, niños que se dirigían a sus colegios y el comercio que ya abría sus puertas para iniciar otro día de labores. Después de 20 minutos de caminar, llegamos al terminal de buses; me acerqué al mesón de atención el público y pregunté por la próxima salida hacia la capital.

—Cada día a las 5 de la tarde —fue la respuesta del empleado—. ¿Tiene sus pasajes en orden? —me preguntó.

—Sí, aquí están —contesté, entregándole aquellos papeles timbrados que había guardado con mucho cuidado y que eran una salvación para alejarnos de la Junta Militar que oprimía a nuestro pueblo.

El empleado revisó la fecha, cuándo se habían comprado y consultó con un libro que tenía enfrente de él; los segundos que transcurrieron en ese instante me parecieron una eternidad, y la angustia de que algo no estuviera bien me hizo transpirar helado.

—Todo en orden —dijo—, pueden viajar hoy día si ustedes lo desean.

Al escuchar esto, y mirando a mi hija y a mi señora, contesté que sí, que estaríamos muy contentos si viajáramos hoy día.

El viaje hacia la ciudad de Lima se desarrolló de manera normal; pasamos varios controles policiales donde no tuvimos ningún problema, pareció que estábamos naciendo de nuevo, ya que en cada lugar se apreciaba una nueva forma de vida, muy diferente al ambiente que estábamos dejando atrás. El pueblo peruano siempre ha sido muy tradicionalista en sus costumbres, especialmente en su música. En cada sitio en que el bus se detuvo, siempre se escuchaba la entonación de algunas canciones de cantantes tradicionales o el sonido de la música andina.

Los otros pasajeros del bus eran de diferentes orígenes: pudimos apreciar a aquellos que venían de ciudades importantes, como también a aquellas personas que provenían de la sierra, como por ejemplo la típica mujer de origen humilde que acostumbraba a llevar a su hijo sobre su espalda, envuelto en un gran manto de llamativos colores.

Durante el viaje, conversamos con algunos de ellos y, como yo había estado en ese país varias veces anteriormente, pude llevar una conversación muy amigable.

33

El haber vivido en numerosas oportunidades en el Perú me enseñó a entender la forma de pensar de ese pueblo y también a ser muy reservado sobre algunos temas, ya que los peruanos en general son muy amistosos y alegres, pero nunca han olvidado la confrontación bélica de la Guerra del Pacífico, donde Chile, Perú y Bolivia se enfrentaron en una guerra que no dejó ningún ganador, ya que al final de esta las compañías inglesas se quedaron igual con los campos salitreros, que era el punto principal de este enfrentamiento.

Al llegar a la capital peruana, en un día viernes a las 6 de la tarde, arribamos al terminal de buses, que estaba ubicado en esa gran y popular esquina, Avenida Grau y Paseo de la República. Como no teníamos nada de equipaje, en algunos minutos solamente quedamos libres y de ahí nos ubicamos en la sala de espera de los pasajeros.

—Voy a ver si logro hacer contacto con alguien —les dije a mi esposa e hija—. Ustedes se quedan aquí y me esperan hasta que yo vuelva, no se muevan de este sitio por ningún motivo. Si alguien pregunta algo, respondan en forma tranquila y sin dar grandes detalles.

—Está bien —respondió mi esposa.

Mi hija miraba alrededor y todo le parecía lindo; con sus cortos años de edad, quizá no se daba cuenta de que esa noche no teníamos dónde dormir, ni tampoco teníamos mucho dinero para comer, solamente ella se entretenía con un ratoncito de juguete que tenía desde hacía mucho tiempo y que tal vez era algo muy importante en su vida infantil, ya que siempre le conversaba y para ella era un gran amigo.

Me alejé por la Avenida Grau, tratando de ubicarme y tomar la orientación correcta hacia la dirección de un antiguo amigo peruano. Caminé por más de 45 minutos hasta llegar a un barrio que no había cambiado mucho desde la última vez que estuve allí, muchos años atrás. Sin grandes problemas, llegué a la calle que buscaba y me dirigí rápidamente al número de la casa; esperaba que mi amigo todavía viviera allí. Por fin, llegué a las puertas de una vivienda y lo que me extrañó bastante fue que ahora la casa tenía una gran reja metálica en todo el frente y las ventanas también estaban protegidas. Pensé en mi interior que sería el avance de la familia. Pero lo que más me extrañó fue que la puerta principal parecía la entrada a una fortaleza del siglo pasado. Me acerqué en forma directa y golpeé con seguridad; nadie contestó.

Golpeé la puerta nuevamente, ahora un poco más fuerte y prolongado. Pasaron varios minutos y ya estaba retirándome, cuando de pronto una voz de mujer desde el interior preguntó qué quería.

—¿Esta es la casa del señor Arriagada? —dije.

—¿Quién es usted? —replicó la mujer.

—Soy un antiguo amigo de él y vengo recién llegando a esta ciudad.

—¿Para qué lo necesita? —insistió ella.

—Deseo hablar con él, soy chileno y necesito saber algunas direcciones —contesté en forma tranquila, tratando de darle confianza a esa persona que me hablaba detrás de la puerta y sin siquiera tener la intención de abrirla—. Con el señor Arriagada nos conocemos a través del Partido y nos hemos encontrado en algunas oportunidades allá en Chile y también aquí en el Perú en los últimos años.

—Mi hijo no se encuentra en el país en estos momentos —dijo la mujer—. Y no volverá hasta en dos meses más —agregó en forma tajante—. Ahora le recomiendo que se vaya rápido de aquí, ya que siempre hemos estado vigilados por la Policía política, desde el golpe militar en Chile. Usted no es el primer chileno que ha venido a buscar a mi hijo —dijo la dama, dando por terminada la pequeña conversación.

Comencé a caminar nuevamente alejándome de esa casa y pensando qué hacer. Siempre tuve mucha confianza en ese contacto y ahora me sentía como si alguien me hubiese

35

lanzado un balde de agua fría; la respuesta de esa mujer no me dejó muy convencido, ya que algo no cuadraba.

Tiempo después, supe que el compañero Arriagada nunca se movió del país, y esa tarde él también estaba escuchando el diálogo que tuve con su madre, oculto detrás de la puerta. Estos casos se repitieron muy a menudo en diferentes lugares y ocasiones. Muchos de los compañeros solidarios internacionalistas fallaron vergonzosamente, algunos de ellos se dieron a conocer sin una gran razón. Simplemente actuaron de acuerdo con su forma de ser, oportunistas figurones y cobardes.

Durante el viaje de regreso al terminal de buses, donde me esperaba mi pequeña familia, pensé en muchas cosas, pero nunca perdí la seguridad de salir adelante. Saqué algunas cuentas para tratar de saber hasta dónde nos alcanzaría el dinero. El resultado fue muy negativo. Si tuviéramos la suerte de encontrar algo barato donde dormir, podríamos hacerlo por tres noches a lo máximo y no tendríamos que gastar dinero en comida. Un vaso de leche en la mañana y otro en la tarde sería lo máximo que podríamos tener.

Pero como esto era un desafío a lo desconocido, también me tracé un plan de supervivencia. Pensé en la manera de dormir y comer. Este plan lo habría empleado sin ninguna duda, si las cosas no se hubiesen dado como sucedió todo después.

Ya era entrada la noche cuando llegué al terminal de buses, y me sentía bastante cansado. Al ver a mi esposa y a mi hija, quienes me esperaban con mucha ansiedad, no pude evitar el sentirme un poco desorientado, ya que si hubiese estado solo, no habría sido ningún problema dormir en cualquier lugar, pero la situación era diferente y había que dar los pasos exactos para evitar algún inconveniente.

—¿Cómo te fue? —preguntó mi esposa al verme llegar.

—No muy bien —le respondí—. No pude hacer ningún contacto esta noche, pero ya tengo pensado dónde ir mañana temprano. Ahora tratemos de encontrar dónde dormir para que descansemos —agregué en forma natural—. Compremos algo de leche para darle a la niña, seguramente ya debe tener hambre —dije luego con un tono melancólico.

—Sí —repuso ella—, ya me preguntó varias veces dónde iríamos y yo no supe qué contestarle.

Salimos del edificio de buses sin ningún rumbo fijo; durante el camino, traté de averiguar dónde habría algún hotel barato o casa en que pudiésemos arrendar una habitación por esa noche. Por fin, después de mucho andar y ya cerca de la medianoche, encontramos un lugar donde dormir y que estaba al alcance de nuestro presupuesto. No era un sitio muy agradable, ya que solo el olor era deprimente, pero teníamos que aceptar la situación como se presentaba.

Al día siguiente, todavía no eran las 8 de la mañana y ya estábamos en la calle, caminando hacia una dirección donde yo pensaba que encontraríamos algo.

Llegamos a un viejo edificio que me era familiar, ya que muchos años atrás había estado allí, invitado por los dirigentes de esa colectividad, para dar algunas charlas sobre el proceso político chileno y el sindicalismo, cuyo modelo fue siempre muy admirado por muchos países latinoamericanos.

En esa oportunidad, yo había llegado allí en un automóvil y en la compañía de varios personajes de la vida política peruana. Ahora la situación era diferente, llegaba caminando y sin que nadie me esperara, y temiendo tal vez encontrarme con gente que yo no conocía y que tal vez no podría entender mi problema ni la necesidad de ayuda.

Al cruzar la puerta principal, fuimos detenidos por una persona de ademanes fríos y sin cara de mucha amistad.

—¿Qué desean? —preguntó sin siquiera saludar.

—Buenos días, camarada —respondí como si yo lo hubiese conocido de toda la vida—. Necesito hablar con algún dirigente de la Comisión Internacional.

—Aquí no se encuentra ninguno y no creo que alguien venga hoy día, ya que en el fin de semana no se realizan actividades.

—Entonces dígame por favor el número de teléfono del secretario regional, para poder yo hacer contacto con él.

—No puedo entregar ninguna clase de información —dijo él.

—Si usted no puede, alguien tendrá que estar aquí a cargo o de turno para solucionar estas cuestiones —le respondí casi en forma brusca—. Seguramente usted se habrá dado cuenta ya, por mi forma de hablar, de que soy chileno, y no creo que usted ignore la situación que se está viviendo en mi país.

—Ya me di cuenta hace un momento de que usted es chileno —dijo el hombre usando un tono hiriente—. Pero yo no puedo hacer nada por usted —agregó.

—No estoy pidiendo que usted haga algo por mí —le contesté casi irritado—. Lo que yo estoy pidiendo simplemente es la información para contactar algún dirigente de esta colectividad. Tengo razones muy claras de por qué estoy aquí, y si usted no quiere entender esto, le podría traer algunos problemas disciplinarios —le dije, no en tono de amenaza, sino para hacerle saber mis conocimientos del conducto regular a seguir dentro de esta colectividad.

Hasta ese momento, ninguno de los dos se había dado cuenta de que otra persona estaba escuchando esta conversación, que no tenía nada de agradable. El hombre era de edad y con mucha calma preguntó, como dando a entender que no había escuchado nada:

—¿Qué sucede?

—Le estoy explicando a esta persona que hoy día no se encuentra ningún dirigente —le contestó mi interlocutor.

—¿Y para qué usted desea ver a algún dirigente? —me preguntó el anciano, que estaba al costado de nosotros.

—Soy chileno, llegué apenas anoche a esta ciudad y necesito hacer contacto con el Comité de Solidaridad, si es que existe alguno, para saber mi camino a seguir —le contesté de frente y sin rodeos. El hombre pensó un momento y le pidió a la otra persona que nos había recibido que nos dejara solos para poder conversar un instante.

Mi esposa y mi hija habían permanecido en silencio durante todo ese tiempo, pero yo presentí la angustia que había en ellas.

Igualmente dentro de mí, no solamente angustia, sino que también rabia y decepción, al comprobar que las palabras como "solidaridad internacional", "proletariado", "compañeros", "camaradas", etc., no eran nada más que simples frases que se repetían sin sentido. En estos momentos, yo me encontraba frente a la máquina ciega de uno de los partidos políticos más fríos que pudieran existir en el mundo, donde todo se hace por conducto regular y en línea vertical, donde casi ningún militante tiene derecho a pensar, solamente tiene que obedecer la dirección central y punto.

En esos escasos segundos que duró mi pensamiento, pude también comprobar que, a pesar de todo, siempre hay alguien que desobedece las reglas del juego y actúa en forma personal como queriendo que la frase universal de que "Toda regla tiene su excepción" siempre estuviera presente en mi mente. El hombre nos invitó a pasar a una pequeña oficina y trató de ser amable desde el principio, quizá para darme confianza para que yo le contara todo. Pero en mi interior yo tenía un plan de reserva. "Por muy camaradas que sean, no diré nada más que lo necesario", pensé para mí. Todavía me acordaba de que allá en Chile y en muchos lugares, a los días siguientes del golpe, los aseadores, porteros o gente muy humilde que trabajaba en los edificios públicos, tales como universidades, sindicatos, fábricas u oficinas del Gobierno, aparecieron vestidos de militares y varios de ellos con grado de capitán, oficial o mayor. Eso me enseñó a no confiar en nadie y ahora, estando en un país que no era el mío y con gente que no conocía, tenía que actuar con más cuidado.

—¿Así es que ustedes llegaron solamente anoche? —dijo el hombre, como para iniciar la conversación.

—Sí, llegamos solamente anoche —respondí sin agregar nada más.

—¿Y cómo está la situación? —preguntó.

—En el norte del país, pareciera que todo está tranquilo, pero la máquina actúa de noche y los allanamientos son muy seguidos. En la capital no sé mucho, pero me parece que la cosa es peor —contesté en forma vaga.

—¿Y cuál era su participación? —preguntó de repente.

—¿A qué se refiere usted? —le indagué.

—A su militancia política —respondió él.

—¿Es eso importante para usted? —le inquirí con una pequeña sonrisa.

—Sí, puede que sea importante para el Comité Central —contestó.

—Yo no lo creo así —dije en forma directa—. Si allá en Chile escuchamos a cada momento de la solidaridad internacional, pensamos que efectivamente esta existe, pero si aquí afuera todo se vuelve burocracia, que es lo que hemos estado combatiendo por años, entonces quiere decir que estamos todos engañados.

—Pero yo creo que usted ha tenido militancia —insistió él, queriendo saber si realmente yo era de su Partido o no lo era.

—La militancia política es lo que más se tiene que cuidar y guardar, cuando verdaderamente se es militante. Ahora, si usted milita en algo más que un partido, usted tendrá que entender que eso es casi secreto y usted no debe entregar su militancia o su identidad a la primera persona que le pregunte —le dije de una manera que me pareció que a él le causó algo, porque de inmediato replicó:

—Pero nosotros necesitamos saber quiénes son ustedes.
—Nosotros somos chilenos y no pudimos vivir más en nuestro país. Ahora estamos aquí esperando la ayuda que en el pasado dimos nosotros a otros latinos que llegaron a Chile por las mismas circunstancias, y si hay que hablar más claro, le pido a usted que me contacte con el secretario general u otro dirigente, y ahí hablaré claro y preciso —dije en tono firme. Él me miró y sonrió levemente.
—Yo soy uno de esos dirigentes que usted busca. Usted comprenderá que hay que tomar precauciones.
—Pero si es lo mismo que yo acabo de decirle a usted —contesté.
—Exactamente, camarada, así hay que actuar.
La charla se prolongó por más de una hora, nos invitaron a una taza de café y en general el hombre fue muy amable. Al terminar de conversar y como dando a entender que para él todo estaba claro, me dijo en tono pensativo:
—Realmente usted esperó más de lo debido para salir, corrió mucho peligro y pudo haber sido detenido en cualquier momento.
—Es que yo no pensaba salir del país, no quería ser como muchos otros dirigentes, que abandonaron el barco a las pocas horas del golpe, dejando también abandonados a sus "compañeros de clase", quienes confiaron en ellos. Yo siempre pensé que tal vez podría volver a Santiago, pero la situación nunca mejoró y tuve que salir para este lado —dije en forma simple.
—No se preocupe —me tranquilizó él—, aquí en el Perú, hemos recibido ya a muchos chilenos y seguiremos haciéndolo hasta que sea necesario. Claro que nuestro Gobierno les da a ustedes un permiso temporal para permanecer en el país y luego tienen que abandonar este lugar. Yo le indicaré dónde está la Oficina de las Naciones Unidas, para que ustedes

lleguen ahí y puedan solicitar la ayuda para subsistir y luego puedan hacer sus trámites para viajar a algún otro país, donde les otorguen residencia permanente.

—Gracias, camarada —le respondí en forma totalmente sincera—, en realidad, necesitamos ayuda, ya que en estos momentos no tenemos dinero ni ningún camino que seguir. Salimos del país pensando en ir a cualquier lugar y, como siempre pensé, lo más importante es estar con vida, el resto, lo que el destino quiera.

—Muy bien, entonces —dijo el hombre—, vamos ahora mismo, no es muy lejos de aquí, podemos caminar.

Sin nada más que agregar, nos pusimos en camino. Era una mañana de sol, con una temperatura agradable, pero lo que más sentía yo, además de los rayos del sol, era que en ese momento estaba encontrando el comienzo del camino. Un camino que con el correr de los años se desvió en muchas oportunidades, no fue un camino directo ni fácil, ya que con el transcurso del tiempo pude darme cuenta de que siempre se está aprendiendo, siempre se está conociendo nueva gente y siempre se está comenzando de nuevo. Ahora estaba yo con mis pensamientos caminando con este hombre y mi pequeña familia por esas calles de Lima, la ciudad que siempre recordé con tanto cariño, tal vez porque estuve en muchas oportunidades antes. Me acordé cuando a principios de 1960 llegué a esta ciudad con un circo alemán; entonces yo era soltero y joven, con todas las ganas de vivir la vida. En esa oportunidad, nos quedamos más de un mes en la ciudad de Lima, para después seguir hacia el norte del país y luego cruzar hacia Ecuador.

Eran otros tiempos; en ese entonces, yo llegaba integrando una compañía circense, ganando bastante dinero y rodeado de muchos amigos.

Ahora caminaba por estas calles tratando de encontrar un peldaño firme que me permitiera mantenerme a flote.

Mi mente iba de un lugar a otro, recordando tantas cosas y personas, cuando fui interrumpido por este compañero solidario.

—Hasta aquí solamente puedo acompañarlos, allá al otro lado de la calle, en esa puerta grande, al lado de esas ventanas de vidrio, tienen que golpear. Ese es el Comité de Ayuda a los Chilenos. Ahí les darán lo que ustedes necesitan, hasta que puedan abandonar el país. Yo les dejo hasta aquí nomás, porque si alguien me ve con ustedes golpeando esa puerta, podría tener problemas con mi Partido, quizá podrían creer que yo también estoy tratando de salir del país —agregó casi sonriendo.

—Gracias una vez más —le dije—. Usted no necesita correr ningún riesgo por nosotros, ya ha hecho bastante y le estamos muy agradecidos. Quizá más adelante tengamos alguna otra oportunidad para conversar con más calma.

—No venga por nuestra Casa Central, porque siempre estamos vigilados y eso tal vez pudiera ser peligroso para ustedes. Ya habrá otra oportunidad en cualquier otro lugar en que podamos encontrarnos —dijo él—. Ahora no pierdan más tiempo, crucen la calle y golpeen esa puerta, y de ahí para delante les deseo mucha suerte, camarada.

Un fuerte apretón de manos fue la despedida con ese hombre de mirada tranquila, pero que parecía de hielo, ya que, durante todo el tiempo que duró nuestro encuentro, no lo vi casi parpadear. Era como si él estuviera durmiendo despierto, aunque yo creo que, dentro de la frialdad, él también tenía sus sentimientos, de lo contrario no habría actuado como lo hizo.

Cruzamos la calle y nos dirigimos de frente hacia una gran puerta; nuevamente mi mente trabajó con rapidez y me imaginé, por unos segundos, que al golpear esa puerta yo estaba golpeando el marco de mi destino.

Me imaginé un montón de cosas, aunque siempre en forma segura y con mucha confianza. Veía esto como una proyección hacia el futuro donde uno se encuentra a veces sin rumbo, pero tiene que estar ahí, porque no hay otra alternativa. Como si me encontrara en un túnel o tubo de vidrio donde se puede mirar hacia el exterior y desde el exterior hacia dentro, pero nadie hace nada, solamente se mira y nada más.

Al tocar la puerta, nos miramos con mi esposa y mi hija, y no dijimos nada. Nadie respondía. Toqué por segunda vez, ahora un poco más fuerte; al cabo de unos segundos, una mujer vestida completamente de negro salió y nos preguntó qué deseábamos.

—Buenos días, señora —saludé en forma muy educada—, nos dijeron que aquí ayudaban a los chilenos.

Ella nos miró detenidamente y contestó tajante:

—Aquí no ayudamos a los turistas.

Tal vez ella pensó que nosotros éramos turistas porque estábamos bien vestidos, o quizá para ver qué le contestaba.

—Perdone usted —le dije—, pero nosotros no somos turistas, nosotros tuvimos que salir de Chile por razones políticas y ahora necesitamos ayuda.

—¿Y cómo supieron de este lugar? —quiso saber ella.

Enseguida, en fracciones de segundos, pensé la respuesta, confiando en que esta fuera la correcta; sabía que de eso dependía nuestra seguridad.

—Nosotros vivíamos en la frontera de Chile y Perú, y conocimos a muchos chilenos que venían aquí a Lima e ingresaban a este Comité. Algunos de ellos nos escribieron y nunca pensamos que algún día nosotros tendríamos que llegar aquí también. Ahora, cuando llegamos a Lima ayer en la tarde, teníamos esta dirección y es por eso que estamos aquí.

La mujer nos miró más detenidamente aún y por unos segundos mantuvo su vista en nuestra hija, que lucía tranquila.

—Hoy día es sábado y no se atiende al público, aunque ustedes pueden volver el lunes, después de las 9 de la mañana. Serán entrevistados y podrían tener la ayuda del Comité, pero algo tienen que tener claro desde el principio, ustedes no podrán quedarse en el Perú, tendrán que salir algún día y lo más probable es que viajen a un país socialista.

—Muchas gracias, señora, el lunes estaremos aquí a las 9 de la mañana.

Al retirarnos de esa casa, pensé que la respuesta que yo había dado era la correcta y que debería tener mucho cuidado en el futuro, ya que me di cuenta de que, de ahí para delante, iba a rozarme con diferentes clases de personas y no sería agradable ni seguro confiar en alguien que después podría darme una sorpresa muy desagradable.

Ese fin de semana transcurrió en forma casi normal, de acuerdo con nuestro presupuesto. Dormimos dos noches más en ese hotel pestilente y, durante el día, nuestra comida consistió en un vaso de leche en la mañana y otro en la tarde. Caminamos durante casi todo el día, tratando de matar el tiempo de alguna manera y pensando que, al presentarnos el lunes en la mañana al Comité de Ayuda, tendríamos que actuar con mucho tacto en la entrevista, para conseguir ser aceptados.

La mañana de ese día lunes parecía diferente para nosotros, sabíamos que las cosas iban a cambiar para bien o para mal, nuestro destino comenzaba a desarrollarse una vez más.

Cuando llegamos nuevamente a aquella casa, nos encontramos con bastante gente, todos chilenos de diferentes edades, incluso había varias mujeres. Al ingresar por la puerta, vimos a un grupo de cuatro o cinco que hablaban en voz alta, dando la impresión de que se encontraban en una agencia de viajes, por el tema que ellos hablaban.

—Yo me voy a Canadá, porque de ahí hay un solo paso a los Estados Unidos —decía uno—, y el Partido que se vaya al diablo —agregó.

—Yo prefiero ir a Europa, a cualquier país que esté cerca de Francia, porque siempre mi sueño fue llegar a la Ciudad Luz —dijo otro.

Al escuchar todo esto, que no fue en un lapso de más de tres minutos, pensé de inmediato que este Comité estaba ayudando a gente que nunca había tenido nada que hacer en el proceso político chileno o simplemente eran los oportunistas de siempre.

Seguimos hacia el interior de la casa y llegamos a una pequeña sala de espera donde se encontraban otras personas, unas leyendo y fumando tranquilamente, otras escribiendo unos formularios que les habían dado momentos antes. Para tener una idea clara de la situación y tantear el terreno, me acerqué a un hombre de mediana edad, que me pareció tranquilo y serio.

Vestía ropa sencilla y tenía un portadocumentos en sus manos, dando la impresión de ser una persona de corte intelectual.

—Buenos días, amigo —le dije con voz serena—, ¿podría decirme usted qué clase de Comité es este? Estamos recién llegados y no quisiera cometer algún error en la entrevista y ser rechazado.

El hombre contestó a mi saludo en forma amigable y me respondió casi en tono de broma:

—Si ustedes quieren recibir la ayuda de este Comité, no digan nada de política, esta institución es de la Iglesia Católica y aquí no quieren saber nada con los comunistas o socialistas.

Al escuchar esto, me pareció que debía actuar con más cuidado de lo que había pensado, porque cómo se justificaba la salida del país si no se hablaba de política.

—¿Y en qué consiste la entrevista? —le inquirí, tratando de captar una buena respuesta.

—Mire, mi amigo, aquí usted tiene que decir que salió de Chile porque estaba cesante y no tenía nada para comer.

—Pero algo de política tendrán que preguntarme —insistí.

—Claro que le preguntarán de qué partido era usted. Pero afírmese de lo que yo le digo y todo saldrá bien.

Yo no quedé muy convencido de la respuesta y pensé que tal vez él tenía razón. Quizás en algún momento me encontraría en una situación más apretada si yo hablaba más de la cuenta.

De pronto, la puerta de una pequeña oficina se abrió y apareció la mujer que nos había recibido el sábado por la mañana. Ahora ella lucía un vestido claro, estaba bien perfumada y con algún maquillaje en su cara.

Tenía anteojos grandes, que le daban una estampa de oficinista. Al vernos, nos reconoció de inmediato y nos saludó en forma amable. Nos hizo pasar al interior de su oficina y nos entregó un formulario; acto seguido, comenzó a preguntarnos la razón por la cual nos encontrábamos en el Perú.

—Bueno, la situación no estaba muy buena para nosotros —respondí—. Perdí el trabajo al poco tiempo del golpe y no pude ubicarme en ningún otro lugar —agregué, esperando su reacción y tratando de estar listo para la próxima pregunta.

—¿A qué partido pertenecía usted allá en Chile? —me interrogó en forma directa.

—Fui simpatizante del Partido Socialista, pero mi actividad principal la realicé en el Sindicato. Yo soy de la capital, Santiago de Chile, y me encontraba en el norte al momento del golpe, no por mucho tiempo. En realidad, no era muy conocido y no tenía muchas amistades. Después se nos hizo muy difícil volver a Santiago, y la única alternativa que teníamos era salir y tratar de llegar aquí —le dije en forma muy humilde, esperando que ella me aceptara lo que había dicho.

—¿Pero usted participó en la política? —preguntó nuevamente, como tratando que yo le dijera algo más importante.

—Todo estaba relacionado con la política, como le dije, pero le vuelvo a decir que yo me dediqué más a la actividad sindical —respondí con claridad y firmeza en mis palabras.

47

En realidad, pensé para mí que no estaba diciendo casi nada equivocado, ya que realmente nunca milité en ninguno de los dos partidos más tradicionales de la izquierda chilena. Mi actividad política la realicé con otros grupos de izquierda que nunca fueron muy bien vistos por los comunistas y socialistas, tal vez porque éramos más de avanzada o tal vez porque teníamos la película más clara, y en el terreno sindical, mi participación comenzó cuando yo tenía 5 o 6 años. Cuando llegaba de la mano de mi madre o mis tíos al Sindicato del Cuero y el Calzado, allá por los años 48 o 49.

Recuerdo también los grandes desfiles del 1 de mayo, en donde los estandartes de los diferentes sindicatos lucían en todo su esplendor. Asimismo, tengo memoria de muchas reuniones que se hicieron en nuestra casa, con dirigentes que, con el tiempo, se transformaron en grandes figuras de la izquierda chilena. Nombrarlos a todos sería casi imposible, ya que en esos años, según mi opinión, la lucha sindical era realmente peligrosa a la luz pública y algunos de ellos después fueron encarcelados por los tiranos de turno, pero nacían otros que tomaban sus lugares, para continuar con la lucha de clases.

—Llene esos formularios y ponga todos los detalles bien claro —nos dijo la dama. Enseguida, abrió uno de los cajones de su escritorio y sacó un libro grande; revisó por unos instantes algunas hojas y escribió algo. Después, nos entregó una tarjeta con una dirección y agregó—: Vayan a este lugar y preséntense a la persona que está a cargo de esa oficina. Ahí les indicarán a ustedes dónde pueden comenzar a vivir. Todo esto es un proceso supervisado por el Alto Comisionado de las Naciones Unidas. Tendrán casa y comida por el tiempo que ustedes permanezcan en el Perú, pero les repito una vez más, no podrán quedarse en este país y tendrán que viajar algún día al extranjero; también recibirán ayuda para los diferentes trámites que tendrán que hacer y deberán elegir a qué país desean viajar; normalmente, todos los chilenos viajaban a países socialistas, pero ahora hay otros países que han ofrecido ayuda para recibir chilenos. De ustedes depende si pasan las entrevistas y son aceptados. Como información general, yo les podría decir que tengan cuidado en sus declaraciones, ya que muchos chilenos mintieron para viajar y, cuando llegaron a su destino, tuvieron grandes problemas, especialmente en los países socialistas, incluso hay varios detenidos en la cárcel. También durante su estadía aquí en el Perú, ustedes tendrán que comportarse debidamente, ya que mi Gobierno por ahora ha tenido bastante paciencia, a pesar de algunos incidentes, pero la situación puede cambiar de un momento a otro. Les deseo buena suerte y, si necesitan algo, no tengan ningún temor de presentarse a esta Oficina, nosotros somos funcionarios de las Naciones Unidas y estamos aquí para ayudarles en todo lo que sea necesario.

La entrevista terminó sin que casi nos diéramos cuenta y en forma muy agradable.

Salimos a la calle, y tal vez ahí recién respirábamos el aire que nos había faltado por mucho tiempo en nuestros pulmones.

—Parece que comenzamos con el pie derecho —le dije a mi señora.

Ella, como siempre, muy reservada para sus opiniones, me respondió:

—Ojalá que todo marche bien y no tengamos más problemas.

—No, yo creo que no —la tranquilicé—, si tenemos casa y comida, que es lo principal; el resto tendría que ser más fácil, pero hay que recordar siempre que hay que tener mucho cuidado, ya que no sabemos con qué gente estaremos, y para mí no sería ninguna novedad que encontráramos dentro de este Comité infiltrados de la Junta fascista que envían los informes a Chile.

Ese pensamiento tan vago en ese momento fue un hecho real más adelante, ya que, durante nuestra estadía, tuve la oportunidad de participar en varias actividades que me demostraron que nunca estuve equivocado.

Era ya casi el mediodía cuando llegamos a la dirección que indicaba la tarjeta. El lugar era como un gran colegio, con una entrada muy amplia y varios patios y jardines, por todas partes había gente, casi todos se comportaban como si estuvieran disfrutando de unas lindas vacaciones.

Había grupos de cinco o seis hablando de diferentes temas. También pude apreciar la presencia de varios niños, que jugaban tranquilamente. Nos dirigimos a la oficina de recepción y presentamos la tarjeta a una señorita que se encontraba en un escritorio. Ella nos miró con una sonrisa muy amable y nos preguntó cuándo habíamos llegado. Enseguida tomó un teléfono y marcó un número. En menos de dos minutos se presentó un hombre, muy bien vestido y de apariencia muy educada y agradable. Él era el encargado de hacer los arreglos de todos los chilenos que llegaban ahí, buscando la ayuda que tanto necesitábamos.

—Bienvenidos al Comité —nos dijo—, aquí ustedes estarán seguros y no tendrán problemas. Veamos ahora dónde irán a vivir. —Revisó un libro y nos preguntó algunas cosas, casi sin mucha importancia. Acto seguido, tomó uno de los teléfonos que había en el escritorio y habló con alguien—: Hola, aquí ha llegado un matrimonio con una hija pequeña y los enviaré para allá de inmediato.

También habló de otras cosas que en ese momento no comprendí, pero que con el correr del tiempo pude entender perfectamente. La situación era bien simple.

En varios lugares de la ciudad de Lima había grandes casas, muchas de ellas de estilo colonial, que eran alquiladas por las Naciones Unidas para acomodar a todos los chilenos que el Comité recibía. Los dueños de estas casas se comprometían a dar cama y comida, y el Comité les pagaba por cada persona. Este tipo de ayuda sirvió para que muchos peruanos hicieran su fortuna, ya que la situación en que llegábamos no era para reclamar nada y los dueños de estas casas se aprovechaban de esto, pues no gastaban ni el 10% de lo que ellos cobraban por cada uno de nosotros. Era tanta la avaricia en algunos casos, que con el correr del tiempo algunas de estas casas fueron cerradas por no dar la atención mínima según el contrato con el Comité.

—Muy bien, todo está listo —nos dijo este señor tan agradable y educado—. Esta es la dirección donde ustedes vivirán. Si tienen algún problema, vengan por esta Oficina con toda confianza.

Nuevamente nos encontramos en la calle y dirigiéndonos hacia el lugar donde nos habían enviado. Por el camino pudimos apreciar lo hermoso de la ciudad de Lima; en algunos barrios, todavía existían esas enormes mansiones con los balcones coloniales que fueron la inspiración de muchos compositores para hacer sus canciones y que se transformarían en grandes éxitos en nuestro mundo hispano.

En general, Lima era una ciudad pintoresca con la atracción criolla en muchas partes, y su gente también tenía algo diferente. Nosotros los chilenos siempre fuimos tratados con grandes muestras de amistad, pero siempre existía esa barrera de desconfianza y recelo, por los hechos acontecidos varios años atrás.

—Parece que ya llegamos —les dije a mi esposa e hija como para darles ánimo, ya que empezaban a dar muestras de cansancio—. Esta es la dirección —agregué, y entramos a una gran casa.

Desde el primer instante, pudimos percibir el ambiente chileno, quizá por encontrarnos con la gente que hablaba con el modismo propio de nosotros o tal vez por la música que se escuchaba desde alguna habitación. Esa música casi siempre era la misma, un grupo andino, Quilapayún, Inti Illimani o Tito Fernández. Era algo así como la necesidad de estar escuchando esa clase de música para justificar la presencia de cada uno de nosotros en un comité de asilados políticos.

La persona que nos recibió era una mujer de edad que estaba a cargo de esa casa y ella era la persona que cocinaba, limpiaba y hacía todo cada día de la semana, sin tener un día libre. El dueño iba solo por algunos minutos algún día de la semana, como para hacer acto de presencia y nada más, total lo que a él le interesaba era que llegaran más y más chilenos a su casa y así el cheque de las Naciones Unidas sería más jugoso.

Nos dieron una habitación pequeña, en la parte trasera de la casa, dos somieres metálicos y dos almohadas.

Ese era todo el mobiliario para nosotros. No teníamos sábanas ni tampoco frazadas, pero nos encontrábamos felices de haber arribado a un puerto. A los pocos minutos de haber entrado a esa habitación y cuando estábamos pensando de dónde sacaríamos ropa de cama para dormir esa noche, llegó a la puerta una señora que se presentó como la delegada de esa pensión.

—Hola, compañeros —nos dijo en forma de saludo.

—Hola —le respondimos y la invitamos a pasar.

—¿Cómo han llegado ustedes? —nos preguntó.

—Más o menos —respondimos—, pero contentos de estar aquí, ya que el presupuesto se nos había terminado ayer, y hoy ya era nuestro primer día de ayuno obligatorio.

—Entonces ustedes tienen que almorzar inmediatamente —nos indicó casi en forma maternal—. Vengan por aquí, yo les presentaré al resto de los compañeros y también hablaré en la cocina para que les sirvan algo ya.

—Muchas gracias —le dije con toda sinceridad.

Enseguida nos llevó a una gran sala que servía como comedor, donde había varias personas; algunas de ellas todavía estaban almorzando y otras simplemente estaban sentadas conversando.

—Les presento a los nuevos compañeros que recién han llegado —les anunció a todos de forma general.

Algunos respondieron espontáneamente y otros solo nos miraron.

Después de esa pequeña presentación, nos sentamos junto a una mesa bien grande donde comimos un plato de arroz. Así comenzaba nuestro primer día en esa casa, en la cual estaríamos algún tiempo y donde conoceríamos a muchos chilenos que habían abandonado el país, pero no todos por la misma razón.

Ya habían pasado varios días desde nuestra llegada, y en este pequeño tiempo, traté de ubicarme dentro de la realidad. Conocí cómo funcionaba el Comité, lo cual me deparó algunas sorpresas.

También tuve oportunidad de hablar con muchos chilenos asilados y llegué a la conclusión de que la Junta Militar les hizo el gran favor de sus vidas a varios de ellos, ya que era muy escaso el nivel político de la mayoría y no se hablaba de cosas relacionadas con la situación de nuestro país; por el contrario, casi todos hablaban de viajar a un país donde pensaban que todo sería fantástico. Conocí gente de los diferentes partidos y comprobé que el sectarismo que existía allá en Chile aquí se había acentuado. En este Comité se podía apreciar sin ningún problema la verdadera causa del colapso de la Unidad Popular.

En varias oportunidades, pensé que el sacrificio que hizo nuestro presidente Salvador Allende, de entregar su vida por sus ideales, fue en vano, y que habría sido mejor que hubiese cedido el mando a los militares y se marchara al exilio. Claro que a un hombre de su integridad no le habría sido fácil tomar ese camino, porque él siempre pensó en la verdadera integración de la política chilena y en la honestidad de sus militantes, pero aquí yo me di cuenta de que la Unidad Popular no era nada más que un sueño y que no tenía las bases firmes. El proceso socialista que duró tres años demostró que, si un pueblo no tiene la educación y la preparación política y armada, no puede hacerle frente a una máquina capitalista, que dispone de todos los recursos para neutralizar cualquier avance. Aquí recordé, en muchas oportunidades, las palabras de Fidel cuando estuvo de visita en Chile y le hizo saber a nuestro presidente que una revolución sin una vanguardia armada no tenía mucho futuro.

Claro que el proceso cubano se había desarrollado de otra forma, ya que los yanquis obligaron sin querer a los cubanos a que tomaran conciencia política de la lucha, y es por esta razón que Fidel, con su gran proyección e inteligencia, creó los mecanismos de protección para combatir cualquier agresión armada, como por ejemplo sucedió en Bahía de Cochinos.

Cap. V

Los días en este Comité seguían pasando y a veces parecían interminables; hice varias solicitudes en diferentes embajadas y todavía no sabía a dónde podríamos viajar. Entretanto y como para mantenerme activo, busqué algún trabajo.

Hice trabajos de pintura de casas y también trabajé de mecánico de autos, pero como legalmente no nos estaba permitido trabajar y los clientes, al saber de esta situación, siempre regateaban los precios, no era mucho lo que se podía ganar.

En la pensión la vida seguía igual y parecía que a nadie le importaba nada. Éramos alrededor de 40 personas y en la cocina había solamente 20 platos, lo que significaba que a la hora del almuerzo siempre había que estar esperando que alguien terminara para usar su plato; la comida era invariablemente arroz con papas y era un verdadero banquete cuando había un pollo para compartirlo entre todos los que vivíamos ahí. Entre las personas que habitaban esta pensión había varios que, según ellos, eran dirigentes políticos allá en Chile, pero por su forma de actuar aquí, me parecía que nunca tuvieron la verdadera conciencia de un dirigente.

También comprobé que había compañeros que viajaron a este lugar dejando allá en Chile a su familia y ahora, al conocer a otras personas, muchos de ellos se hicieron pasar por solteros y comenzaron una relación íntima con alguien sin pensar, en ningún momento, en reunirse algún día con su esposa e hijos. Entre las mujeres, la situación no era diferente, pues varias que llegaron solas comenzaron a vivir la vida aquí; no digo que todas eran iguales, pero se dio el caso en varias oportunidades de que algunas cambiaran su pareja una vez cada semana y otras, con menos pudor, se dedicaran a vender sus encantos para tener dinero y vivir mejor de acuerdo con su punto de vista, o sea, en otras palabras más simples, se prostituyeron. En fin, yo no era nadie para juzgar la conducta de nadie, pero me dolía inmensamente ver que toda esta gente era parte de un proceso político o tal vez nunca lo fue, y realmente aprovechó la oportunidad para salir al extranjero; claro que todo esto demostraba claramente los diferentes niveles de un ser humano.

Una tarde, cuando llegué de vuelta, después de haber andado en la calle durante todo el día, tratando de adelantar los trámites para viajar, me encontré con la sorpresa de que para esa noche se había citado a una reunión a todos los que vivíamos en esa pensión.

Al llegar la hora y cuando estábamos todos reunidos, la dama que era la delegada tomó la palabra y dijo:

—Compañeros, la situación aquí no puede continuar más de esta manera. Las condiciones en que vivimos son verdaderamente por debajo de lo que se puede aceptar. El Comité está pagando bastante dinero por nosotros, y el dueño de esta casa no tiene intención alguna de mejorar nada. Propongo que se forme una comisión de tres o cuatro personas y plantear estos problemas en la Oficina del Comité.

Un compañero, que siempre estaba con la guitarra cantando música de protesta y lucía grandes bigotes al estilo de los guerrilleros, dijo:

—Claro, hay que hacer algo y terminar con este abuso.

—Sí —agregó otro que también siempre había dado a entender su experiencia política—, hay que hacer algo y actuar con rapidez.

Otras personas dieron su opinión, pero a la hora de elegir la Comisión, nadie quiso aceptar la responsabilidad de integrarla. O sea, la historia se repetía una vez más.

La excusa era la misma, que no tenían experiencia, que no sabían hablar mucho o simplemente que no tenían tiempo.

Yo pensé para mí: "Cómo no van a tener tiempo, si lo único que hacen es dormir, cantar y tocar la guitarra"; incluso muchos de ellos ni siquiera se dedicaban a hacer sus trámites para viajar. Realmente era una situación bastante desagradable el tener que vivir día a día con toda esta gente.

—Usted, compañero —me dijo alguien—, parece que tiene más experiencia que nosotros, ¿por qué no acepta integrar esta Comisión?

—Pero si yo soy aquí un recién llegado —le respondí, no para evitar mi responsabilidad, sino para no parecer con ganas de ser un jefe.

—No importa —agregó otro de los presentes—, por lo que usted conversa y actúa, demuestra ser un hombre con bastante personalidad y educación, y yo creo que usted lo haría muy bien.

—No sé si estaría correcto —dije—, pero si yo puedo ayudar en algo, lo haría con mucho gusto.

Después de media hora de conversación, la Comisión quedó formada y yo ahí como nuevo coordinador o delegado de esta pensión.

El primer paso que acordamos fue presentarnos a la Oficina del Comité y plantear la situación en forma clara. Fue así como, a la mañana siguiente, estábamos allí y fuimos recibidos por un funcionario que, al principio, trató de darnos solamente explicaciones de buena voluntad.

—Trataremos de arreglar la situación lo más rápido posible —nos dijo.

—¿Cuándo usted cree que será posible? —le pregunté.
—Bueno, eso puede tomar un par de semanas —respondió.
—Yo creo que esto no puede esperar demasiado, ya que no es mucho lo que estamos pidiendo —dije con la intención de no provocar una discusión.
—Mire, señor, aquí somos nosotros los que decidimos —me contestó casi en forma brusca.
—No me cabe la menor duda de que ustedes son los que deciden —le respondí de inmediato—, pero si no hay intención de hacer algo, tendremos que dirigirnos al Alto Comisionado, ya que usted no nos puede negar que el dinero que llega del exterior es bastante y no es lógico que los dueños de pensiones estén recibiendo altos ingresos por un servicio que ellos no nos están dando.
—¿De dónde usted se ha informado sobre las finanzas del Comité? —me preguntó molesto.
—No importa de dónde yo saco las informaciones —dije—, el hecho es que el dinero está llegando de varios países y nosotros estamos aquí como asilados políticos y, como tales, también tenemos nuestros derechos, de acuerdo con la Carta Internacional de las Naciones Unidas —agregué en tono claro.
El funcionario me miró por un instante y me preguntó por mi nombre, que anotó en una libreta para luego decir:
—Venga mañana al mediodía y le tendré una respuesta clara —y con esas palabras nos despidió. Una vez afuera de la oficina, una persona que integraba la Comisión me comentó:
—Parece que usted tendrá problemas, compañero, ya que a él no le pareció muy bien lo que usted le dijo.
—No me importa lo que ese tipo haya pensado, lo que interesa es que arreglemos nuestra situación, además él solamente es un funcionario más. Si es necesario, lo repito nuevamente, iremos a hablar con el Alto Comisionado.

—Ojalá que todo salga bien, porque yo no quisiera dormir en la calle —me contestó este compañero, que ya empezaba a mostrar temor.

Yo le miré fijamente y le dije:

—Mire, mi amigo, la vida tiene muchas vueltas y nosotros estamos en este país asilados. Y por si usted no lo sabe, un asilado político siempre estará protegido por las leyes internacionales, lo que sí es que hay que tenerlo claro cuando se plantean las cosas. Y además hay que saber exigir cuando llega el momento. Nosotros no somos turistas y eso tiene que ser entendido muy bien, tanto por nosotros como por ellos. Es por esa razón que el comportamiento nuestro, mientras estemos en este país, tendría que ser intachable. Sobre eso no quisiera opinar, ya que todos sabemos que no es así. El Comité ha recibido a mucha gente que no lo merecía, incluso yo me considero con suerte de estar aquí, pero ahora hay que presionar como corresponde para mejorar nuestra forma de vida.

Llegamos de vuelta a la pensión, y el tema de conversación por el resto del día fue la entrevista que habíamos tenido. También algunos comentaron mi forma de actuar; unos aprobaron y la mayoría de ellos, que no entendían nada, dijeron que yo había actuado muy bruscamente.

Es ahí cuando yo pienso, una vez más, que el ser humano a veces no es nada y acepta lo que le den. Hay muchas personas en el mundo entero que nunca han luchado por un ideal o por un bienestar mejor. Yo creo, humildemente, que el desafío por la sobrevivencia comenzó en el mismo instante en que nacimos. Para algunos, la lucha casi no ha existido, pero para una gran mayoría la lucha ha sido siempre dura y seguirá siéndolo mientras exista la raza humana.

Al día siguiente y a la hora indicada, me encontraba una vez más en la Oficina del Comité. Me recibió la dama que mandaba todo y una vez más me reconoció sin problemas.

—Veo que, en este corto tiempo, usted se ha hecho bastante popular —me dijo a modo de saludo.

—Yo no ando buscando popularidad —le respondí—, lo que yo estoy haciendo es cumplir con mis obligaciones y, al mismo tiempo, tratar de arreglar en algo nuestra condición de vida, mientras estemos aquí en este país.

—Pero ayer usted mencionó algo de las finanzas del Comité —me insistió en forma molesta.

—Yo no intento introducirme en nada que no me corresponda. Lo que sí sé yo es lo de la ayuda internacional, por los contactos que mantengo con el exterior, y eso no es ningún misterio para nadie que esté preocupado del futuro de este Comité.

—¿Y qué sugiere usted que tendríamos que hacer? —me dijo ella casi en tono de consulta.

—Yo entiendo que ustedes no saben realmente los detalles de la situación en que vivimos, pero si usted necesita un informe, yo se lo puedo hacer sin ningún problema. Hay pensiones mejores que otras, pero en general yo podría decirles que el dinero que ustedes están pagando por nosotros es demasiado de acuerdo con lo que nosotros recibimos. Eso no quiere decir que nosotros estemos desconformes con el Comité, al contrario, siempre estaremos agradecidos de vuestra ayuda, pero hay cosas que arreglar, de eso no hay ninguna duda.

La conversación se prolongó por un momento más y al final quedamos de acuerdo en hacer un estudio de la situación, para encontrar alguna solución a esos problemas que existían.

Varios días después, los resultados comenzaron a verse; para todos nosotros fue un triunfo, porque conseguimos que nos cambiaran a otra casa. Algunas pensiones se cerraron en forma definitiva y se contrataron otras, que empezaron a ofrecer un mejor servicio. También conseguimos que nos dieran una pequeña cantidad de dinero semanalmente, para poder movilizarnos y hacer nuestros trámites con más facilidad, ya que todos teníamos que caminar grandes distancias de un punto a otro. Asimismo logramos que nos dieran leche en polvo para todas esas familias que tenían niños, ya que hasta ese momento ellos comían solamente la comida que había en cada pensión.

Entretanto, seguían llegando más chilenos y otros comenzaban a viajar a diferentes países. Yo, por mi parte, había presentado solicitudes en más de 20 diferentes embajadas. En algunas había tenido muy buena acogida, pero en otras la desilusión había sido muy grande, ya que los chilenos que viajaban al exterior, en muchos casos, no se comportaban en forma correcta y eso era motivo para que algunos gobiernos no quisieran aceptar más asilados políticos en sus países. En ocasiones, esa angustia de no saber dónde iría me deprimía tanto, que pensaba cosas sin sentido. Para salir de esa onda depresiva, comencé a participar en distintos grupos políticos peruanos, todos de izquierda; a veces, íbamos a las poblaciones obreras a dar charlas y en esos lugares encontrábamos diferentes tendencias, lo que significaba que había que tener mucho cuidado en los puntos que se exponían, y solían surgir discusiones bastante acaloradas. También había que tener mucho cuidado con la Policía política peruana, ya que de un momento a otro llegaban y había que desaparecer rápidamente. En varias de esas reuniones, me encontré con compañeros peruanos y de otros países que había conocido tiempo atrás, con los cuales recordaba otros tiempos y lugares; en fin, había que seguir adelante.

Un día lunes en la mañana, en los momentos en que me dirigía a una embajada a saber de mis trámites, recogí del tacho de la basura un diario que alguien había tirado. Era el diario de ese día y estaba impecable para leerlo. El titulo, a grandes letras en la primera página, me atrajo la atención. "'Pavo' chileno llega a Lima", leí por segunda vez y casi no comprendía lo que estaba leyendo. Miré otra vez el título y me di cuenta de la noticia. En pocos minutos leí la historia escrita, que me impactó profundamente. 36 horas antes, había llegado al Aeropuerto Internacional, escondido en el tren de aterrizaje de un avión, un chileno que había huido de Chile y ahora se hallaba en estado crítico en un hospital. En otras palabras, era un polizonte. De inmediato, dejé mis trámites a un lado y me dirigí enseguida al Comité, donde encontré a varias personas que ya sabían del hecho, pues la televisión lo había informado en el boletín de noticias del sábado por la noche.

—¿Alguien tiene idea de la situación de esta persona? —fue mi pregunta, mirando a todos ellos, esperando recibir alguna respuesta.

—No sabemos nada —dijo uno.

—Pero yo creo que hay que hacer algo para saber cómo se encuentra este chileno —insistí.

—¿Y qué podríamos hacer nosotros? —agregó otro.

—Bueno, saber realmente qué pasará con él, ya que si salió en estas condiciones, habrá tenido razones muy poderosas para hacerlo.

—Lo más probable es que lo manden de vuelta a Chile —acotó otra persona.

—Pero eso sería negativo —dije casi sin pensarlo.

Enseguida entré a la Oficina del Comité, y con el diario en la mano me acerqué al coordinador y le pregunté, mostrándole la noticia:

—¿El Comité irá a ayudar a este chileno?

—Si él pide asilo, tal vez —fue la respuesta—. Aunque si él no viene a pedir ayuda, el Comité no puede ir donde él —agregó.

—¿Pero cómo va a venir aquí si está internado en el hospital? —repliqué.

—Entonces nosotros no podemos hacer nada —fue la siguiente respuesta.

—¿Dónde queda este hospital? —inquirí, ya pensando en ir a investigar este caso.

—No queda muy cerca —me informó—. ¿Por qué, qué piensa hacer?

—Iré a ver qué sucede. Por favor, dígame la dirección.

El coordinador me miró sorprendido y me dijo que tuviera cuidado, al mismo tiempo que me escribía en un papel los datos para llegar a ese hospital.

Con la dirección en la mano, salí de la oficina y pregunté a los compañeros que se encontraban allí quién quería acompañarme.

Casi todos contestaron que no podían, que no tenían tiempo, que era peligroso, que no era necesario, que era tiempo perdido, etcétera, etcétera.

Los miré casi con rabia y dije en forma general:

—Para ustedes la situación no significa nada, porque ustedes ya están seguros aquí en el Comité, ¿pero no se dan cuenta de que la suerte de este chileno es diferente? ¿Qué clase de hombres de izquierda son ustedes? —No recibí ninguna respuesta. Pensé en la apatía y el egoísmo de todos ellos, que se daban a cada instante y eran la conducta casi general de mucha gente que estaba asilada. Cada uno actuaba casi en forma similar y eso reflejaba, una vez más, el bajo nivel moral de los chilenitos que, en muchas oportunidades, contaban historias de su trayectoria política. Varios de ellos hablaban de situaciones donde aparecían como héroes de la Unidad Popular, pero a la hora de la verdad, todo quedaba al descubierto y era bastante triste y desalentador aceptar esa realidad.

—Si nadie quiere venir conmigo, no importa —dije violentamente—. Algo podré hacer, quizá consiga ayuda en otro lado.

Salí apresuradamente de ese lugar y me dirigí de inmediato a un sitio donde yo sabía que encontraría a algunas personas que me ayudarían.

No me equivoqué, ya que en pocos minutos éramos tres las personas que íbamos con rumbo al hospital. Este estaba situado en un barrio bastante aristocrático y había policías por todos lados. Pasamos por la puerta central dos veces para mirar y pensar detenidamente la forma de ingresar sin despertar sospechas. Al final, pensamos que la mejor forma y más segura era ir por la puerta de atrás del edificio, donde se efectúan el aseo y el servicio del establecimiento. Nos acercamos lentamente y conversando de cualquier cosa para no llamar la atención.

Ya una vez en el interior, decidimos preguntar a alguien para saber en qué habitación se encontraba la persona que queríamos ver.

En ese instante, una mujer de mediana edad se cruzó con nosotros; en sus manos llevaba los utensilios para hacer aseo. Sin pensarlo dos veces, nos detuvimos frente a ella y le preguntamos:

—Disculpe usted, señora, ¿nos podría decir en qué habitación se encuentra el chileno que llegó en el tren de aterrizaje de un avión la noche del sábado?

—Oh, sí —dijo ella sin vacilar—, se encuentra en el quinto piso, en la habitación 503, pero está custodiado por la Policía y me parece que nadie puede hablar con él.

—¿Sabe usted el nombre del doctor que está a cargo de él? —fue la siguiente pregunta.

—Sí, es el doctor Mejías y parece que esta tarde embarcan al paciente en un avión de regreso a su país.

—Gracias, es usted muy amable.

—¿Quiénes son ustedes? —nos preguntó la mujer así de repente, como dándose cuenta de que la situación era fuera de lo común.

—Somos chilenos y estamos aquí para saber qué pasará con este compatriota —respondí.

Nos dirigimos al quinto piso, de prisa pero tratando de actuar en forma normal. Al llegar a ese lugar, no fue difícil ubicar la habitación, ya que era la única que tenía guardia policial.

—Buenos días, señor —le dijimos al policía.

—Buenos días —respondió él—, ¿qué se les ofrece?

—Somos chilenos y quisiéramos hablar un momento con el paciente que se encuentra en esta habitación.

—No es posible —respondió—, hay órdenes estrictas de que nadie se acerque a él.

—¡Pero por favor! —exclamé con una voz que quizá reflejaba pena o angustia—. Solamente un par de minutos para decirle algo y darle ánimo, ya que pensamos que así él podría sentirse mejor.

—No, eso no es posible —nos contestó firmemente.

—Mire, señor —le repliqué—, ¿cómo se sentiría usted si se encontrara en esta misma situación, en un país extraño?, o tal vez a algún familiar suyo podría ocurrirle algo parecido. Por favor —insistí—, déjenos un par de minutos y se lo agradeceremos sinceramente.

—No se puede —nos contestó—, son órdenes superiores.

—Yo he estado en el Perú en varias oportunidades —le dije—, y siempre he pensado que todos somos hermanos. Yo creo que usted sabe de la situación de mi país, a raíz del golpe de Estado —agregué, tratando de llegar a su conciencia de ser humano—. Aquí nosotros estamos asilados en este momento, y este hombre que se encuentra en esta situación ha huido de la Junta fascista arriesgando su vida, piense lo que significaría para él poder recibir unas palabras de aliento, ¡por favor! —le dije nuevamente mirándole a los ojos.

El policía me miró también y por un momento pensé que iba a mantenerse en su negativa, mas al instante me contestó:

—Bueno, pero que no sean más de un par de minutos.

—Gracias, hermano —fue mi respuesta.

Cuando entramos a la habitación, nos encontramos con otro policía que estaba sentado al lado de la cama; él nos miró con sorpresa, pero cuando su compañero le indicó que nos dejara hablar con el paciente, no hizo ninguna objeción.

Rápidamente nos acercamos al lecho donde yacía un hombre joven, que estaba casi dormido. Sin perder un segundo, le tomé una mano suavemente y le dije:

—Somos chilenos y venimos a verte para prestarte ayuda. Nosotros somos asilados políticos y también huimos de Chile. Estamos en el Comité de las Naciones Unidas aquí en Lima.

Él me miró, mostrando alguna sorpresa y dudando al mismo tiempo, sin responder palabra alguna.

—Tienes que confiar en nosotros, pero no hay tiempo que perder, por favor, danos tu nombre completo, fecha de nacimiento y el lugar de donde vienes.

Él me miró nuevamente sin responder, tal vez tratando de pensar o quizá queriendo hablar sin poder hacerlo, ya que su estado físico reflejaba lo duro que fue el vuelo de tres horas, a más de 10.000 metros de altura desde Santiago hasta Lima, escondido en el tren de aterrizaje del avión. Todavía estaba congelado y en esas circunstancias ningún ser humano podría actuar en forma precisa. Le apreté la mano para darle energía y le insistí:

—Por favor, tu nombre y fecha de nacimiento, y nosotros haremos todo lo posible para que te quedes aquí en el Perú.

—¿Ustedes hablan en serio? —nos dijo casi en un susurro.

—Claro que sí —le respondimos con una sonrisa amistosa—. Pero date prisa, por favor, ya que de un momento a otro puede llegar alguien.

—Me llamo Mario Grez Salinas y soy de Til Til. —Enseguida nos dio su fecha de nacimiento y también anotamos otros datos personales y algo de sus familiares.

Estábamos en eso, cuando la puerta se abrió y apareció un hombre con la bata de doctor. Le acompañaban una mujer y otro hombre bien vestido.

—¿Qué hacen ustedes aquí? —fue su pregunta.

—Buenos días, doctor —le contesté—. Vinimos a ver a este paciente y darle un poco de ánimo.

—Pero ustedes no pueden entrar a este lugar, ¿cómo fue que la Policía les dejó hacerlo?

—Les pedimos permiso a ellos y entendieron la situación. Ahora quisiera pedirle a usted un gran favor: no firme la salida del hospital de este enfermo, por algunos días; entretanto, nosotros haremos los trámites para conseguir que le den asilo aquí en el Perú.

—¿Quién es usted para pedirme eso? —me preguntó en forma arrogante—, él viajará esta tarde a las 7 de regreso a su país.

—Pero usted no puede dejar que se lo lleven en el estado en que él se encuentra —repliqué.

—Usted a mí no me da órdenes, y ahora retírense inmediatamente de este lugar —nos dijo en tono enojado y violento.

—Usted puede decir lo que guste, pero si firma la salida de este enfermo, tendrá grandes problemas, usted no podrá ejercer su carrera médica nunca más —le advertí con voz firme—. En este momento nos vamos de inmediato a los canales de televisión, a las radios y a los diarios de esta ciudad. Tenemos su nombre y haremos público lo que usted quiere hacer. Usted, doctor, tiene la obligación de respetar el código médico en relación con sus pacientes y no puede actuar de esta manera, menos para apoyar a una junta fascista que está siendo repudiada por todo el mundo.

—Carajo —me insultó—, qué te has creído, chileno malcriado.

—Nada, yo no soy nadie y no tengo nada que perder. Pero usted sí tiene mucho que perder y podría arrepentirse el resto de su vida.

El doctor me miró con irritación y desprecio, aunque yo creo que comprendió bien claro mis palabras. La mujer y el hombre que le acompañaban comenzaron a hablar cosas sin sentido. Primero alabaron lo lindo que era Chile, sus paisajes, su clima, su gente, etc., etc., y dijeron que cómo era posible que la gente huyera de ese país tan lindo.

Por la forma de hablar, me di cuenta de que ellos eran chilenos y de inmediato les lancé una pregunta directa:

—¿Y qué saben ustedes de la situación en que se encuentra nuestro país, bajo la dictadura militar?

—Pero si son los comunistas los que han provocado todo esto —respondió el hombre.

—Claro —dijo la mujer—, ellos querían entregar el país a los rusos, y los militares tuvieron que actuar.

—Ustedes no tienen idea de lo que hablan —les respondí—, están muy equivocados y están repitiendo como loros lo que la Junta ordena decir.

—Nosotros somos funcionarios de la Embajada chilena aquí en Lima y estamos bien informados de lo que ha pasado allá en Chile.

—Con razón hablan tantas estupideces —les dije con un tono de reproche—, ustedes solamente tienen que cumplir órdenes y no se dan cuenta de la verdadera situación, pero algún día llegará la hora en que se arrepentirán de haber sido tan serviles con la Junta, nada es eterno.

Esta pequeña conversación se había desarrollado en contados segundos, que el doctor aprovechó para salir de la habitación y acercarse a los policías, con la clara intención de que nos detuvieran. Al ver esto, reaccionamos velozmente y le gritamos a Mario que no perdiera las esperanzas y no entregara ninguna información. Acto seguido, salimos de la habitación casi corriendo; al pasar por el lado de los policías, puse mi mano en el hombro de uno de ellos y le dije rápidamente:

—Gracias, hermano, ojalá que no tenga problemas por nosotros.

Salimos con prisa del hospital y, una vez en la calle, nos miramos unos a otros y nos felicitamos por haber cumplido tan bien con nuestra misión.

—Ahora viene lo bueno —les dije a mis compañeros—, ellos no van a querer perder, así es que tenemos que actuar rápidamente. Vámonos ahora mismo a la estación de radio que más escucha la gente.

Preguntamos en un negocio cercano por la dirección de la radio, que estaba bastante lejos, pero sin desanimarnos en ningún momento, nos metimos las manos en los bolsillos para ver con cuánto dinero contábamos. No era mucho y pensamos que no nos alcanzaría para tomar un taxi. De todas maneras, hicimos parar un coche y, mostrándole un papel donde estaba escrita la dirección, le preguntamos al chofer:

—¿Cuánto nos cobra por llevarnos a este lugar?

—25 soles —fue la respuesta.

Nos miramos con desesperación, ya que no teníamos más que 12 soles.

—Sabe una cosa, hermano —le dije al chofer—, no tenemos ese dinero y queremos llegar rápidamente a ese lugar, porque debemos entregar una noticia en relación con el chileno que se arrancó en el tren de aterrizaje de un avión y llegó aquí el sábado en la noche.

—¡Ah! —exclamó él—. Sí supe de eso. Lo vi en la televisión.

—Bueno —le dije—, ahora quieren devolverlo esta tarde y él no se encuentra bien, está todavía congelado. Nosotros recién lo hemos visitado en el hospital que está allá enfrente de esta avenida.

—¿Y quiénes son ustedes? —nos preguntó el hombre, mostrando un poco de curiosidad.

—Somos chilenos que estamos asilados aquí en el Perú y pensamos que tenemos que ayudar a este compatriota.

—Sería un crimen si lo devuelven enfermo —dijo el chofer.

—Claro, y además sería un triunfo para la Junta fascista— le agregué de inmediato.

—No se hagan ningún problema, muchachos —repuso el hombre—, suban que yo los llevo de inmediato y no les cobraré nada. Yo también quisiera ayudar en algo. Ojalá que aquí en el Perú nunca suceda lo que pasó en Chile.

Saltamos al interior del coche, con la alegría y la satisfacción de encontrar a otra persona más que repudiaba el régimen fascista chileno. Esas expresiones de condena al régimen se repetían en todos los lugares del mundo, todos los días. Incluso en los Estados Unidos, la cuna del capitalismo, país que había organizado este nuevo golpe militar en Latinoamérica para destruir una democracia, allá también había fuertes movimientos de protesta. Miles y miles de ciudadanos norteamericanos se juntaban en desfiles en diferentes organizaciones para alzar su voz y condenar la actuación de su Gobierno.

Mucha gente de izquierda sintió una fobia en contra de todo lo que fuera norteamericano, pero no se daba cuenta de la diferencia entre un pueblo y un gobierno. Al mismo tiempo, la gran contradicción era que siempre muchos de ellos querían viajar a los Estados Unidos, atraídos justamente por la propaganda que ellos decían que había que combatir.

Íbamos viajando en el interior del taxi a una velocidad bastante rápida, quizá porque nuestro buen colaborador se sentía excitado por la misión que estaba cumpliendo, ya que, durante el trayecto, la conversación se basó en los siguientes movimientos que había que hacer para conseguir quebrarle la mano a la Junta, y dejar con nosotros a Mario. Como primer paso, había que entregar la noticia del intento de su envío a Chile, pero había que causar un impacto fuerte, para crear la presión internacional y detener ese intento de genocidio. Enseguida habría que hacer contacto con algunas organizaciones políticas o sociales para conseguir apoyo, ya que nosotros éramos solamente tres chilenos y nada más.

En ningún momento pensé que sería fácil la tarea que teníamos por delante, pero tampoco creía que sería algo imposible de conseguir, ya que una vez más actuaba con la energía que solo se consigue cuando uno está seguro 100% de que lo que está haciendo es correcto, y, además, cuando está en juego el futuro de otra persona, yo creo que nace más energía.

Ya estábamos llegando a la avenida donde se encontraba ubicada la emisora radial. El chofer del taxi nos dio apoyo una vez más, al decir que nunca antes él había visto gente tan decidida y con tanta claridad como nosotros.

—Gracias, mi amigo —le dije—. Nosotros no tenemos nada que arriesgar ni perder, solamente no olvidamos que nuestro deber, como gente de izquierda, es ayudar a los que vienen detrás de nosotros huyendo de la Junta. Y en este caso que estamos comenzando, nosotros no seremos la parte más importante, ya que necesitaremos mucha ayuda de gente más grande que nosotros.

Nos despedimos de este hermano peruano con un fuerte apretón de manos y agradeciéndole su ayuda. Enseguida, entramos al edificio.

—Queremos hablar con el director de la radio —le dije a un muchacho joven que se encontraba en la primera oficina.

—¿De parte de quién? —preguntó de inmediato.

—De parte de tres chilenos que desean entregar una noticia en relación con algo que ha dado la vuelta al mundo en las últimas 24 horas.

El joven me miró casi sorprendido, y quizá qué habrá pensado en ese momento, pero sin preguntar nada más, nos dijo que esperáramos un instante.

A los pocos minutos se hizo presente un hombre de mediana edad y se identificó como el director de la radio.

—¿Está usted enterado del caso de este chileno que llegó casi congelado al Aeropuerto limeño el sábado por la noche? —le pregunté.

—Por supuesto que sí —respondió—, todo el mundo lo sabe.

—¿Qué pensaría usted al saber que hoy día intentarán enviarlo de vuelta a Chile, sin importar su estado de congelamiento?

—¡Eso sería un error y no sería humano actuar de esa manera! —exclamó él, con algo de fuerza.

—Bueno, señor director, esta es la noticia. Y si usted desea todos los detalles, nombres y lugares, nosotros estamos en condiciones de proporcionárselo enseguida.

—Pasen por favor a mi oficina para preparar un boletín y lanzarlo de inmediato como un noticioso.

—Justamente eso es lo que se necesita hacer —le dije, pensando que en ese momento comenzábamos a hacer rodar una pelota que iría creciendo día a día. Y no me equivoqué.

Al minuto de salir la noticia al aire, sonó el teléfono y alguien preguntó por la veracidad de la noticia. El director tomó el teléfono y nosotros alcanzamos a escuchar:

—Sí, claro que sí, ellos están aquí, un momento, por favor...

Él se dio vuelta hacia nosotros y nos dijo:

—Están llamando de un periódico y quisieran hacerles a ustedes algunas preguntas.

—Estamos listos para hablar con todo el mundo si es necesario —fue nuestra respuesta en forma unánime.

Las cosas estaban saliendo mejor de lo que pensábamos.

El director de la radio terminó la conversación en el teléfono y nos dijo, al mismo tiempo que nos entregaba una tarjeta:

—Vayan a esta dirección donde los están esperando, que allá les harán una entrevista sobre este caso. Pero no se pierdan ustedes de aquí, y manténgannos informados de lo que vaya sucediendo.

—No se preocupe usted, señor, estaremos aquí muy seguido y gracias por su ayuda.

Salimos rápidamente, con rumbo a uno de los diarios más importantes de Lima y con circulación a nivel nacional.

Durante el camino, seguimos hablando y pensando en la forma de llegar a alguien que pudiera detener los intentos de la Junta. Cuando arribamos al edificio del diario, ya teníamos el plan a seguir. Este era muy simple y sencillo: trataríamos de mostrar, con detalles, por qué tantos chilenos abandonaban el país; trataríamos de causar algún impacto en relación con los derechos humanos, pero sin apartarnos de la verdad, sin apoyar a ninguna corriente política y, si era necesario, reconocer los errores que se cometieron durante el gobierno de la Unidad Popular, no había que ser fanático por un ideal político. Teníamos que actuar con inteligencia y ser claros en nuestra posición de asilados políticos. La meta era tocar el sentimiento de algunas personas, para tener su apoyo y, así, conseguir el objetivo final.

Fuimos recibidos por una secretaria que nos hizo pasar a una oficina donde se encontraban dos periodistas.

—Adelante y tomen asiento —fue la invitación de ellos.

Nos sentamos alrededor de una gran mesa, en la cual había una grabadora con tres micrófonos.

—Dígannos, ¿cuál es la situación del chileno que llegó como "pavo" aquí a Lima? —fue la primera pregunta.

En pocas palabras, explicamos nuestra visita al hospital y el encuentro que tuvimos con el doctor y sus acompañantes. Expusimos de inmediato que estábamos actuando contra el tiempo, ya que, en ese momento, solamente quedaban no más de cinco horas para detener el brazo de la Junta Militar chilena.

Los periodistas nos hicieron varias preguntas acerca de diferentes cosas, tal vez para estar seguros de lo que nosotros decíamos o quizá buscando algo espectacular. Parece que contestamos bastante bien, ya que ellos fueron tomando tanto interés que, en un momento de la conversación, uno de ellos advirtió:

—Voy a hacer una llamada telefónica a unos colegas de la televisión, para que ellos vayan al hospital ahora mismo y así detendremos de inmediato la salida de este hombre. —En pocos segundos la llamada se hizo y él sonriendo nos dijo—: Todo está listo, la tele ya va en camino y ahora será muy difícil que el doctor firme la salida del hospital de su enfermo, de lo contrario él quedaría cesante en contados segundos.

Nosotros nos miramos con una alegría interior al saber que estábamos ganando el primer *round* de esta pelea que recién comenzaba.

—Muy bien, muchachos —nos dijeron al término de la entrevista—, esta noticia sale de inmediato a circulación en la edición de las 7 de la tarde y la ampliaremos a dos páginas mañana por la mañana. Ahí pondremos todos los detalles y fotos, porque nosotros también nos vamos enseguida al hospital. Lo que ustedes necesiten de nosotros no tengan ninguna duda de venir por acá y hacérnoslo saber. Estaremos muy gustosos de cooperar con ustedes.

—Muchas, pero muchas gracias —fue nuestra respuesta.

Una vez de vuelta en la calle y con el ánimo bastante bueno, nos dirigimos al Comité. En el camino, seguimos pensando dónde conseguir ayuda, porque a pesar de que habíamos llegado a los medios informativos, considerábamos que era necesario llegar a otros niveles, ya que la Junta no iba a ceder tan fácilmente.

Cuando llegamos al Comité, la noticia ya era conocida por todos y en un par de minutos fuimos rodeados por quienes se encontraban allí.

Todos querían saber, con lujo de detalles, cada uno de los acontecimientos. En ese gran grupo se encontraban asimismo los compañeros que en la mañana se habían negado a mover un dedo por esta causa. Seguramente, ellos ya habían almorzado con tranquilidad y quizás habían tenido una buena siesta también. Esa actitud indolente era lo que a mí me molestaba y no podía ocultarlo, ya que, cuando comenzaron a preguntar en forma casi morbosa, les dije bruscamente:

—¿Y qué quieren saber ustedes?, ¿acaso no sabían de esta situación desde el día de ayer?, ¿y quién se movió e hizo algo? Aquí las cosas están bastante claras, no todos lo que están aquí merecen el asilo político. No me digan que el Partido es el que determina lo que se hace, porque en un caso como este no interesa quién sea el que se mueve y no hay que esperar tan tranquilamente, las cosas hay que hacerlas y punto.

Mi respuesta tan franca no les cayó muy bien a algunos, pero hubo otros que estuvieron de acuerdo. Enseguida se armó una pequeña discusión, donde los sabios e ideólogos trataban de justificar la falta de interés y compañerismo.

—Hay que tener mucho cuidado, compañero, porque quién sabe si este chileno podría ser un infiltrado de la Junta —me dijo uno de ellos.

Lo miré en un segundo y le contesté:

—A lo mejor, el infiltrado es usted, compañero, y si no lo es, con su actitud demuestra que solamente es un maricón más que, a la hora de mostrar la cara por algo, se hace a un lado, como lo hicieron muchos allá en Chile.

Hasta ahí nomás llegó la calma, porque en pocos minutos ese lugar se convirtió en un infierno, cada uno quería ser el dueño de la verdad. Una vez más, se veía sin gran esfuerzo el bajo nivel político de casi toda esta gente. Sin tener nada más que hacer ahí, me retiré, agradeciendo la cooperación de los dos compañeros que anduvieron conmigo y quedando en informarles lo que sucedería más adelante.

En el camino hacia la pensión, hice dos llamadas telefónicas a dos personas a quienes pensé que les interesaría ayudar en este caso, y también pedí cierta información que necesitaba.

Al llegar a la casa, ahí también ya sabían de los hechos, pues la televisión ya había lanzado un *flash* y ampliaría la noticia en el boletín de las 6 de la tarde. La pelota ya estaba rodando y había crecido un poquito más. Ahora había que mantener esa presión y no aflojar en ningún momento.

A la hora de las noticias, estábamos todos pendientes de la televisión y, efectivamente, la noticia se dio con todos los detalles. Pero hasta ese momento todavía no sabíamos si Mario se quedaba con nosotros.

Había transcurrido casi media hora después del noticiario, cuando sonó el teléfono de la casa y alguien me dijo que la llamada era para mí; salté a contestar el teléfono como si tuviera un resorte, ya que estaba esperando esa llamada.

—Hola... Sí, ya vimos el noticiario, ¿y ustedes cómo están por ahí?

Desde el otro lado de la línea, me respondieron:

—Todo bajo control, hay dos compañeros que están vigilando la habitación y hasta el momento no hay nada que indique que llevarán al enfermo. Parece ser que él se queda, pues el doctor ya se fue del hospital, la Policía se mantiene de guardia y aparentemente todo está tranquilo.

—Si la situación cambiara de repente, avísenme de inmediato, para contactar al otro grupo y proceder —les contesté—. Ellos ya saben lo que tienen que hacer, yo estaré aquí en la casa y no saldré a ningún lado, de todas maneras nos encontramos esta noche en el lugar convenido.

Transcurrieron dos horas más y no hubo ninguna novedad, lo que indicaba que habíamos ganado sin ninguna duda. Casi a la medianoche, salí a encontrarme con las personas a las que había llamado en la tarde. Al llegar al lugar de la reunión, me llevé la gran sorpresa de encontrar a otros compañeros, todos peruanos, que se interesaron de inmediato en ayudar, al enterarse de este asunto.

—Buenas noches, compañeros —les dije y estreché la mano de cada uno de ellos. Era un grupo pequeño, pero venían de diferentes organizaciones y, en este momento, ellos estaban dejando a un lado sus diferencias personales, por su posición política, para unirse y entregar en forma solidaria el apoyo que yo había pedido. Eso me hacía sentirme bastante optimista del futuro. En pocas palabras hice un informe de los acontecimientos, y entramos a discutir la estrategia a seguir.

Después de dos horas de conversación y algunas tazas de café, teníamos todo acordado. Se designaron las personas que se turnarían para prestar vigilancia las 24 horas del día al interior del hospital. Eran miembros del Sindicato de la Salud y para ellos sería fácil hacerlo, ya que trabajaban en el mismo hospital. También acordamos hacer contacto con un alto miembro de la Iglesia, pues él era hermano de un ministro y pensamos que no se negaría a ayudar.

Además, logramos la claridad que se necesitaba para contactar a dos embajadores de países solidarios y pedirles ayuda. En este punto, debimos tener mucha paciencia, porque la línea política de algunos países obliga a su personal diplomático a mantenerse al margen de casos como este. Aquí podríamos aplicar el dicho que dice "No todo lo que brilla es oro".

Al término de la reunión, nos sentimos satisfechos cada uno de nosotros por estar luchando por una causa justa y, además, como éramos de diferentes países, pensábamos que realmente estábamos practicando el internacionalismo proletario, así como lo vivió el Che Guevara y como muchos años antes lo soñara Simón Bolívar.

Nos despedimos amigablemente y dejamos todo listo, en caso de que tuviéramos que reunirnos de improviso y en contados minutos. Ya era la madrugada cuando volví nuevamente a la pensión, todos dormían tranquilamente. Antes de acostarme, encendí un cigarrillo y repasé los acontecimientos de ese día; en realidad, había sido un día bastante largo. Al mirar el humo del cigarrillo y ver cómo se desvanecía en el aire, pensé que a veces también el futuro de alguien podría evaporarse, si no se actúa con rapidez y precisión y si no se cuenta con un poco de buena suerte. Me quedé dormido, pensando en los pasos a seguir.

A la mañana siguiente, me levanté temprano como era mi costumbre y de inmediato salí a comprar el diario, para ver si habían publicado lo acordado el día anterior.

Efectivamente, ahí estaba un gran artículo con fotos y varios detalles del caso. Me sentí tranquilo; más o menos a las 10 de la mañana, me encontraba ya hablando con algunas personas, tratando de conseguir más apoyo. En el Comité, la vida seguía igual, o sea, cada uno en lo suyo. Al mediodía, conseguí una entrevista en una embajada, para exponer el caso. Fui recibido de muy buena forma y me prometieron que algo harían, pero nada seguro. En la tarde, fui a otra embajada y la cosa anduvo mejor, porque desde el principio se mostraron realmente interesados y de inmediato se hicieron algunas consultas, las que dieron un resultado positivo. Al atardecer, me acerqué al hospital y conversé con los compañeros que allí trabajaban, quienes me informaron que la situación estaba bajo control y que no se había producido ningún movimiento que pudiera alarmarnos, por el contrario, el doctor ese día no se presentó al hospital y la gente de la Embajada chilena no había ido a ninguna hora. Consideré prudente no intentar hablar con Mario, ya que la vigilancia policial se mantenía. Ese día transcurrió tan tranquilo como una taza de leche, pero yo presentía que algo iba a ocurrir. No fui al Comité durante toda la jornada, quizá para evitar alguna discusión de mal gusto o tal vez para no contestar preguntas a nadie.

Al otro día, llegué temprano al Comité, con la intención de hacer alguna presión para que recibieran a Mario. No tuve necesidad de esperar mucho, porque en cuanto llegué por allí, fui llamado por el coordinador, que estaba bastante molesto por lo acontecido. Me hizo pasar a su oficina y me atacó de inmediato.

—¡Cómo se le ocurre a usted hacer todo esto! ¿No piensa usted en su propio futuro? —me dijo directamente.
—¿A qué se refiere usted? —le pregunté inocentemente.
—¿Que no se da cuenta de la situación que usted ha provocado? ¿O acaso usted me va a negar que ha sido la persona que entregó información a la prensa y la radio?
—No, no tengo nada que negar, al contrario, este es solo el comienzo —le contesté, ya en forma clara.
—Yo tendría que expulsarlo de este Comité —me amenazó—, usted ha violado el acuerdo de no provocar incidentes.
—Si ese es el precio para que ustedes acepten recibir a Mario, yo no tengo ningún problema en salir de este Comité. Pero si ustedes quieren echarme sin recibirlo a él, yo tendría que presentarme al Alto Comisionado de las Naciones Unidas a exponer esta situación, también tendría que movilizar a todos los chilenos que se encuentran en Lima y hacer una protesta pública —fue mi respuesta, que el funcionario consideró como un insulto.
—Y todavía usted amenaza... ¡Usted debe de estar enfermo! —exclamó.
—No, no estoy enfermo —le dije—, lo que pasa es que yo tengo sangre en mis venas y no agua; si estoy tratando de ayudar a esta persona, es simplemente porque nadie ha querido hacerlo; por el contrario, casi todos están observando con morbosidad en qué termina todo esto. Si ustedes están a cargo de este Comité para entregar la ayuda de las Naciones Unidas, no veo por qué se niegan a hacerlo con este chileno, que la necesita más que ninguno de nosotros.
—Pero cómo vamos nosotros a ir a preguntarle qué necesita, él tiene que solicitar la ayuda.
—Esa es solamente una excusa, ya que él está prácticamente detenido y no podría venir a esta oficina. Ustedes tienen ahora todos sus datos personales y es solamente un trámite rutinario que ustedes lo entrevisten y lo acepten. ¿Por qué no envía usted

una persona para que lo vea y le entregue a usted un informe?
—le sugerí, tratando de entrar a una conversación más suave.

El hombre me miró y pensó un momento; luego, me dijo:
—Le recomiendo que se mantenga quieto y no haga más problemas.

—Yo no he hecho ningún problema, y considero que es mi deber el actuar así, de esta forma yo estoy pagando la ayuda que he recibido anteriormente de personas que me la dieron cuando yo la necesitaba. No sé si usted me entiende, pero yo no estoy aquí asilado por mi voluntad. Sabe perfectamente de la situación en Chile y por qué hemos tenido que abandonar el país —le contesté con tranquilidad.

—Mire, señor, nosotros veremos qué se hará y le repito una vez más, no siga haciendo algo de lo que tal vez usted pueda arrepentirse en el futuro.

—No creo que vaya a arrepentirme de nada —fue mi respuesta—. De todas maneras, le agradezco que me haya escuchado y confío en que usted actúe de acuerdo con las circunstancias.

Me despedí del coordinador tratando de dejarle una buena impresión, y pensé para mí: "Son todos iguales, arrogantes y egoístas. No se dan cuenta de que, si nosotros no estuviéramos asilados, ellos no estarían haciendo el negocio de sus vidas y no estarían ganando tanto dinero". Pero de todos modos, al recordar sus últimas palabras, "Nosotros veremos que se hará", yo sentía la esperanza de que quizás, aunque fuera por obligación, ellos aceptarían a Mario.

Los días siguieron pasando, y nada sucedía como para alarmarme. Mario continuaba en el hospital. Lo visité varias veces en la noche, vestido como trabajador de la salud. Él estaba contento y confiaba plenamente en el futuro, yo seguía hablando con diferentes personas para hacer más presión al Comité. La prensa seguía informando del caso, pero no tan espectacularmente como la primera vez. Fue en uno de esos días en que me encontraba en el Comité, cuando algunas personas se acercaron a mí y me preguntaron de los hechos que estaban sucediendo.

—Compañero, queremos hablar con usted.

—Sí, díganme qué necesitan.

—Nosotros no necesitamos nada, es el Partido que quiere darle algunas instrucciones.

Al escuchar estas palabras, lancé una carcajada tan sonora, que otras personas que se encontraban cerca se dieron vuelta para saber qué pasaba.

—¿Ustedes son o se hacen? —les dije—. ¿Cómo se les ocurre decirme que el Partido quiere darme algunas instrucciones? En primer lugar, yo no reconozco ningún partido aquí, ya que la dirección de los partidos murió hace ya bastante tiempo, lo que ahora queda son ideólogos locos que pretenden darse un estatus de intelectuales y dar cátedra sobre algo que ni ellos mismos saben, y, en segundo lugar, yo no voy aceptar órdenes de nadie. En este caso, cuando yo pedí ayuda y sugerí trabajar en conjunto, todos se hicieron a un lado y yo tuve que jugármela solo; gracias a la solidaridad de otros compañeros y que no son chilenos, pude detener las intenciones de la Junta, ¿y ahora ustedes vienen a decirme que el Partido quiere verme? Díganles a sus jefecitos que, si quieren hablar conmigo, ellos saben dónde ubicarme y que no voy a cambiar mi línea; si quieren ayudar, bienvenidos son, pero que no piensen que ellos van a dirigir una operación tan delicada como esta. Aquí yo no necesito jefes, lo que se necesita es gente responsable que cumpla con su deber en el momento que sea necesario y, además, que dé la cara si llega la hora. Yo no estoy jugando a los bandidos, hay mucho que hacer todavía para ganar esta batalla. ¿Está claro?

Ellos me miraron casi con asombro al escuchar mis palabras y no dijeron nada, enseguida se retiraron.

Yo me quedé pensando y sacando conclusiones, como siempre lo hacía. En realidad, sí necesitaba ayuda, pero no iba a aceptar un riesgo que pusiera en peligro esta operación, ya que sabía que los jefes de los partidos se interesaban por algo solo cuando todo estaba hecho y lo hacían únicamente para figurar, esa había sido la actitud general de todos ellos. Además, en este caso había que moverse y caminar casi todo el día de un lugar a otro. Yo sabía que ellos no lo iban a hacer.

Un día en la tarde, recibí un mensaje para que me hiciera presente de inmediato en el hospital, algo estaba por suceder. Llegué de inmediato al lugar y me encontré con los compañeros que estaban de turno.

—Parece que algo van a hacer hoy día —me informaron—, ya que vinieron varias personas y estuvieron por más de dos horas en la habitación de Mario. Además, el doctor ha dicho que el enfermo se ha recuperado y firmará la salida de este del hospital.

—Tenemos que estar listos —dije—, hay que movilizar al resto del grupo de inmediato, en caso de que tengamos que sacar Mario del hospital, antes de que lo hagan ellos.

—Muy bien —me respondieron.

Enseguida, fui al teléfono público e hice dos llamadas. Era para ponerme en contacto con la gente de arriba, ya que si intentaban hacer algo, había que hacer bastante ruido e impedir por todos los medios que mandaran de vuelta a Chile a Mario, eso sería una victoria para la Junta.

Volví al hospital y me encontré con otros compañeros que recién habían llegado. Nos fuimos al lugar de costumbre, para conversar tranquilos y no despertar sospechas, ya que éramos un grupo bastante grande.

—Gracias por estar aquí —les dije—, es una alegría para mí y también es un orgullo personal tenerles a ustedes como compañeros de lucha.

Enseguida trazamos los siguientes movimientos. No era nada del otro mundo lo que íbamos a hacer, simplemente teníamos que estar decididos a todo. Además, teníamos que estar seguros de las intenciones de ellos, para nosotros no equivocarnos ni cometer algún error.

—¿Hay algún compañero que pueda tener acceso al Departamento de Registro y ver el informe del doctor?

—Yo creo que podemos contar con esa persona —fue la respuesta de uno de los presentes.

—Muy bien, necesitamos rápidamente esa información.

—La tendremos en menos de una hora —me contestaron.

—También hay que tener los vehículos listos, ahora mismo.

—No hay problema, ya vienen en camino.

Entretanto que hacíamos el plan a seguir, un compañero iba entregando a cada uno de nosotros el uniforme de los empleados del hospital, para así poder movilizarnos con seguridad dentro del establecimiento.

No había transcurrido una hora todavía, cuando recibimos la información que necesitábamos. El doctor firmaría la salida de un momento a otro y pensaban enviar a Mario a un centro de detención; hasta el momento no sabíamos dónde sería, pero lo más probable era la cárcel pública.

—De todas maneras, tenemos que vigilar cada movimiento y seguir los pasos con cuidado —advertí a todos—. Propongo que dos compañeros se mantengan en el corredor haciendo algún trabajo de limpieza y nosotros esperemos aquí abajo. Una vez que se note algo, que avisen de inmediato y nosotros nos movilizamos.

La orden se cumplió enseguida y las dos personas tomaron sus puestos, sin despertar sospecha alguna.

Era maravilloso trabajar con esta gente, nadie hacía problema de la tarea que se le encomendaba y todos estaban conscientes

83

de lo importante que era actuar en conjunto, aquí nadie estaba solamente por figurar, todos querían que la operación triunfara, sin importarles quién dirigía. Para mí era un orgullo grande el saber que no me encontraba solo, pero habría querido sinceramente que otros chilenos hubiesen estado conmigo en esos momentos.

Transcurrieron otras dos horas relativamente tranquilas, hasta que de pronto llegó el aviso de alerta. Nos dirigimos en forma separada, pero sin perder contacto, hasta el piso en que se hallaba Mario.

Allí nos encontramos con varios policías y personas de civil. Uno de mis compañeros preguntó, casi en forma casual, qué sucedía. El policía, sin sospechar nada, dijo que el enfermo sería trasladado a la cárcel. Al tener la seguridad ahora de lo que ocurría, salí de inmediato al otro piso y tomé el teléfono público. Hablé con la gente del diario y les pedí que vinieran de inmediato; quedaron en llegar de un momento a otro. Después, llamé al canal de televisión y entregué la misma información; también quedaron en llegar rápidamente. Volví de nuevo al piso donde estaba Mario y me dirigí de frente a la habitación. El policía que estaba en la puerta no preguntó nada, ya que no le di la oportunidad de hacerlo; vi que había otros dos policías leyendo. Mario estaba despierto y al verme me reconoció de inmediato, y me dijo:

—¿Podría acercarme un vaso de agua, por favor?

—Claro que sí —le respondí y le hice una seña. Con el vaso de agua en la mano, le pregunté—: ¿Y cómo se encuentra usted?

—Muy bien —me contestó.

Los dos policías escucharon y dieron una mirada, pero no prestaron más atención.

Casi en un susurro, le dije a Mario:

—No te preocupes de nada, porque estamos todos aquí. Hay gente en todas partes y nos aseguraremos de que te lleven a cualquier lugar, menos al Aeropuerto. Y donde sea que vayas, estaremos en contacto, las cosas hasta ahora siguen bien y es seguro que te quedes con nosotros.

Al escuchar esto, Mario me sonrió y me alargó una mano. Yo se le estreché y le dije:

—No ha sido fácil, pero hay bastante gente que está ayudando. Ten confianza y calma. No te dejaremos solo, te repito, no te alarmes porque te lleven a la cárcel, allí también iremos a verte, tal vez yo no pueda, pero siempre habrá alguien que lo pueda hacer, tendrás buenas noticias muy pronto.

Estábamos conversando, cuando de pronto se abrió la puerta y apareció la gente de la televisión, seguida por los del diario.

Al ver todo esto, Mario se sorprendió un poco, pero yo le dije:

—Calma, muchacho, tenemos que hacer bastante ruido, así ellos no podrán salirse con la suya; mientras tengamos a la opinión pública a la expectativa, estarás seguro.

Mario me comprendió y exclamó en perfecto chileno:

—¡P... que sois vivo!

Yo me sonreí al escucharlo y entendí que ya se estaba recuperando.

De inmediato, la gente de la tele se acercó a la cama de Mario y le hizo algunas preguntas, los del diario también comenzaron su trabajo, yo me hice a un lado y me dirigí a los policías, para saber alguna información.

—Sí, tenemos orden de llevarlo a la cárcel, apenas llegue el carro policial. Pero cómo fue que esta gente llegó aquí, si se supone que nadie sabía nada —dijeron los policías.

—No se preocupen, hermanos —les respondí—. Siempre ellos estarán cerca, hasta que llegue el día en que este hombre pueda quedarse aquí en el Perú sin problemas.

Al escucharme, uno de los policías me preguntó:

—¿Usted es chileno?

—Sí —le contesté, ya sin ocultar mi acento.

—¿Y usted trabaja aquí en el hospital?

—Bueno, no realmente, estoy reemplazando a alguien y muy pronto tendré que ir a otro lugar —fue mi respuesta. El policía no entendió, ya que me miró y no preguntó nada más.

Me acerqué nuevamente a la cama de Mario y escuché las preguntas que la gente de la tele y del diario le hacían, las cuales él iba contestando en forma precisa, siguiendo nuestras instrucciones.

No había que decir nada de más ni nada de menos. Al término de 20 o 30 minutos, los reporteros y camarógrafos se retiraron. Cuando ellos se fueron, le comenté a Mario:

—Estuviste como un artista de cine.

—Con el profesor que tengo, no me resultó difícil —me contestó.

—Bueno, compadre —le dije—, no sé cuándo volveré a verte, pero no pierdas en ningún momento la confianza, porque después de este momento, sería casi imposible que te devuelvan a Chile. Ahora, cuando llegues a la cárcel, no te desanimes; siempre, te lo repito, habrá alguien haciendo el contacto entre nosotros.

—Gracias —me respondió—, no sé cómo podré pagarte todo lo que estás haciendo por mí.

—No te preocupes, algún día te pasaremos la cuenta —le dije sonriendo—, ahora me marcho afuera, pero estaremos vigilando que todo salga bien y te seguiremos a la distancia hasta tu nueva casa, que esperamos sea por poco tiempo.

Un abrazo y un apretón de manos fueron nuestra despedida. Más o menos como a las dos horas después, llegaron otros policías, un doctor y una enfermera. En pocos minutos, Mario fue llevado a un carro policial y partieron con rumbo a la cárcel pública.

Nosotros nos mantuvimos a una distancia prudente durante todo el trayecto. Una vez que llegamos al recinto policial y comprobamos que nuestro compañero era ingresado, de todas maneras nos quedamos vigilando en los alrededores. Ya casi a la medianoche, decidimos retirarnos y nos dirigimos a nuestro lugar, donde nos habíamos reunido en varias oportunidades anteriores. Cuando estuvimos todos, nos preparamos una taza de café y nos sentamos alrededor de un viejo escritorio.

—Compañeros, la operación ha salido brillante —les dije a todos ellos—, gracias una vez más.

—Nunca tuvimos ninguna duda —respondió alguien.

—Y tendremos que seguir luchando, hasta el final —acotó otro compañero, con su acento centroamericano.

Al escucharle y sin ponernos de acuerdo, gritamos todos al unísono:

—Patria o muerte... ¡¡Venceremos!!

Era un momento de alegría y satisfacción para todos nosotros, toda esta gente era de diferentes orígenes y culturas, pero todos estábamos al mismo nivel político, sintiendo y practicando lo que habíamos aprendido antes en diferentes lugares. Esto dio paso para conversar y recordar a otros compañeros que ya no estaban con vida o se encontraban lejos; también recordamos lugares y encuentros que nunca podrán olvidarse por el resto de nuestras vidas. La charla se prolongó por varias horas y era casi la madrugada cuando nos separamos, no sin antes quedar de acuerdo para los siguientes pasos.

Habían transcurrido ya algunos días desde que Mario había sido enviado a la cárcel, y en el Comité no sucedía nada con respecto a su futuro. Ese día, como era habitual en mí, después de dar una vuelta por las diferentes embajadas en las que había hecho mis solicitudes, me dirigí al Comité, donde encontré a la gente de siempre, más los últimos que habían llegado. Todo seguía igual, cada uno viviendo su vida de turista. Me acerqué a la oficina y pedí hablar con el coordinador, quien me recibió en forma atenta y quizá sería por mi forma de ser, o tal vez se habría enterado de mis actividades fuera del Comité.

—Dígame, señor, ¿en qué puedo atenderlo? —fue su pregunta clásica, que le hacía a todo el mundo.

—Vengo a saber si han resuelto algo en relación con la situación de Mario Grez Salinas.

—Nosotros no podemos hacer nada por el momento, hasta que él no solicite por escrito la ayuda de este Comité —me respondió.

Era la salida cortés a un problema que no les interesaba resolver. Yo pensé por unos instantes y le pregunté:

—Entonces, si él presentara la solicitud, ¿ustedes no la rechazarían?

—No tendríamos razón de hacerlo, pero tendríamos que hacerle una entrevista antes de decidir algo.

Eso me lo decía, pensé yo, porque era imposible que Mario saliera de la cárcel para pedir asilo. En el fondo, esto era un círculo vicioso.

—Mario presentará su solicitud en los próximos días —le respondí— y espero que usted se recuerde de sus palabras. Gracias por atenderme y tenga usted muy buenos días.

Me marché del Comité, pensando en la forma de encontrar la solución a este problema. Después de caminar casi una hora, de pronto se me iluminó el pensamiento y claro, ahí estaba la solución. Al pensar por segunda vez, me di cuenta de que no sería muy difícil si encontraba a la persona indicada para esta operación, en quien ya estaba pensando. Muy confiado y seguro, me dirigí a un lugar donde creía que encontraría a esta persona.

Llegué a un convento de religiosas que ayudaban a la gente necesitada. Pedí hablar con la directora, quien se hizo presente de inmediato.

—Buenos días, madre —fue mi saludo.

—Buenos días, hijo, ¿en qué puedo servirle?

—Quisiera hablar un momento con la hermana Margarita.

—¿Es algo personal?

—Más o menos —le respondí—, necesito ayuda, pero no es para mí, es para alguien que no puede venir personalmente.
—Un momento, por favor —me contestó.

Unos minutos más tarde, la hermana Margarita llegó a la oficina de la madre superiora.

—Buenos días, hermana —fue mi saludo.
—Buenos días, hermano, ¿cómo está usted?
—Bien —le respondí—. Vengo a verla para pedir su ayuda para una persona que tiene un problema.
—Si yo puedo hacer algo por esta persona, lo haré gustosa —dijo ella.

La hermana Margarita era una mujer de mediana edad y con una personalidad diferente al resto de las monjas. Tal vez ella sentía su vocación de manera distinta al resto de sus hermanas. A mí me parecía que era más práctica, de acuerdo con el mundo real, fuera del convento. Yo la había conocido en una reunión que se efectuó en una población limeña, para juntar dinero y ayudar a los niños sin padres. En esa oportunidad, pudimos conversar del problema latinoamericano que afectaba a los niños; su punto de vista al respecto me había impresionado bastante, ya que ella tenía una opinión clara del porqué de la situación y además estaba bien informada de los distintos regímenes militares que dominaban nuestros países. Era una mujer religiosa diferente con su fe, pero también con una visión sin límites.

—Necesito que usted visite a alguien que se encuentra en la cárcel y le haga llegar un documento para que él lo firme. De esto depende su futuro y también el de su familia —le dije sin rodeos—. Usted puede rechazar mi petición si la considera equivocada —le agregué implorando que me dijera que sí.

—¿Y por qué él se encuentra en esta situación? —me preguntó.

En pocas palabras, le conté toda la historia. Ella también estaba informada de este caso y me dijo que en varias oportunidades había rezado por la suerte de Mario. Era una buena señal saber esto. Le comenté de toda la gente que había ayudado hasta el momento. Al término de mi relato, ella me hizo un par de preguntas y luego respondió:

—No creo que pueda negarme, ya que la situación es bastante apremiante y tal vez para mí podría ser más fácil llegar a él. ¿Tiene usted el documento listo?

—Sí, mañana en la mañana estaré aquí temprano, ahora me voy volando a hablar con el abogado para que me lo entregue, ya que este documento está listo desde la semana pasada.

Salí de inmediato del convento y me dirigí a un barrio de clase obrera donde vivía un compañero peruano que se había recibido de abogado algunos años atrás y ahora estaba con nuestra causa, desde casi el principio de todo. Gracias a él, teníamos un documento con todas las de la ley y el Comité no podría rechazarlo, aunque ellos buscaran la mínima excusa. Solamente faltaba que Mario firmara.

Llegué a una casa modesta pero limpia, toqué a la puerta y me salió al encuentro una mujer que siempre irradiaba alegría; era la madre de nuestro amigo y compañero peruano.

—Hola, ¿cómo está usted, señor Núñez? —me saludó amablemente.

—Muy bien, señora Rosita, gracias. Por aquí ando de nuevo y como siempre pidiendo ayuda.

—No se preocupe, ya sabemos que la lucha nunca termina, enseguida llamaré a mi hijo.

Casi al instante, apareció en la puerta un hombre joven, poco más o menos un muchacho todavía, que al verme me saludó muy respetuosamente:

—Cómo está usted, compañero, gusto de verle nuevamente.

—Hola, compañero Francisco —le respondí—. Vengo por algo muy importante que estoy seguro te gustará —le dije sin rodeos.

En breves palabras, le informé de la situación y todo lo acontecido en los últimos días.

Él escuchó en silencio mi relato y después dijo:

—Es increíble la fuerza combativa que usted tiene, compañero, no se detiene ante nada y siempre sale adelante.

—No creo que sea nada del otro mundo —repuse humildemente—, cuando uno tiene la película clara y recuerda lo que se ha aprendido antes, no cuesta mucho hacer las cosas, pero sí que se necesita ayuda, porque solo no podría hacerlo. Es ahí cuando otros compañeros, como en tu caso, juegan un papel muy importante.

Conversamos por espacio de una hora de varias cosas que teníamos en común y, saboreando una taza de café que nos había traído doña Rosita, planificamos los pasos a seguir.

Si todo saliera como pensábamos, la operación en su primera parte estaría casi terminada. Después vendría la segunda, que, según mi punto de vista, era bastante complicada, pero no imposible de llevarla a cabo y lograr el éxito esperado.

—Bueno, compañero, una vez más estoy muy agradecido de tu trabajo solidario y estaré informándote de todo lo que vaya sucediendo —le dije a mi amigo, cuando ya me retiraba de su casa.

—No es nada —respondió él—, mi compromiso con la causa es uno solo y siempre estaré dispuesto a cualquier hora, para cuando me necesiten.

Al iniciar mi regreso al barrio donde vivía, más o menos a una hora de camino a pie, tuve suficiente tiempo para pensar y analizar la situación, como era mi costumbre.

Ya con ese documento en mis manos, pensaba que nadie podría rechazar la petición de asilo a Mario. Había en mi rostro una pequeña sonrisa de satisfacción, pero todavía era muy temprano para cantar victoria. Sin embargo, me sentía feliz y orgulloso de mí, de poder hacer algo por alguien que tal vez nunca imaginó que aquí en Lima existía un Comité de las Naciones Unidas para ayudar a los chilenos que abandonaran el país por diferentes razones. También pensé en los miles y miles de compatriotas que todavía estaban allá y qué pensarían que todos aquellos que salían del país se integraban a una enorme masa que tarde o temprano regresaría y derrotaría al dictador, y los libraría de la opresión.

Además, yo pensaba en una gran lucha solidaria desde todos los lugares del mundo donde hubiera chilenos asilados. En fin, eran solamente suposiciones o ideas que tendrían que ser realidad, pero que nunca lo fueron; muy por el contrario, con el correr de los años y después de conocer a mucha gente en diferentes lugares, llegué a comprender amargamente que la lucha del proletariado o la lucha de la clase obrera no era más que una frase en la boca de casi todos aquellos que se autodenominaban "refugiados políticos", o que decían que en Chile fueron líderes de sus partidos. También conocí a algunos más románticos y que se declaraban internacionalistas.

Al día siguiente y temprano en la mañana, ya estaba en el convento haciendo entrega del documento a la hermana Margarita, y le dije:

—Por favor, tenga mucho cuidado, no se arriesgue demasiado. Yo no me perdonaría nunca si algo le pasara a usted.

La hermana Margarita me miró y me dijo tranquilamente:

—No se preocupe, el Señor está conmigo en todo momento y Él me protegerá. Venga mañana y seguro tendré ese documento firmado para usted.

Acto seguido, le agradecí sinceramente y me despedí de ella, confiado en que todo saldría bien.

Efectivamente, las cosas se desarrollaron sin ningún problema y al día siguiente ya iba camino hacia el Comité, con el documento firmado y pensando en el futuro de Mario.

Al llegar al lugar, encontré el ambiente de siempre, pero a mí me pareció que ese día era diferente.

Ya en la oficina del coordinador, pregunté por él, y cuando este llegó y me vio con el documento en la mano, no pudo ocultar su extrañeza y asombro, y me dijo:

—Esto no puede ser real, ¿cómo usted entró a la cárcel y salió sin problemas?, dígame cómo lo hace.

—Señor, no me pregunte cómo se hacen algunas cosas, lo cierto es que aquí está la petición oficial y auténtica de asilo político de Mario Grez Salinas. Ahora, yo espero que el Comité no ponga más problemas en este asunto, y definitivamente esto llegue a un buen final.

—Veremos qué se hace al respecto; de todas maneras, yo también creo que las cosas se arreglarán. —La respuesta de este señor me sorprendió un poco, pero no tanto, ya que él, en varias oportunidades, había mostrado un grado de simpatía por nosotros.

—Muchas gracias —le dije con humildad—, volveré para saber vuestra resolución.

Los días transcurrieron y todo el mundo continuó con su vida.

Yo, por mi parte, seguía esperando alguna noticia, hasta que de pronto esta llegó y me llenó de alegría.

Mario fue aceptado y sacado de la cárcel, pero lo enviaron a un monasterio de frailes franciscanos, en las afueras de Lima.

Allá llegué de inmediato. Verlo y darle un abrazo fue algo natural. Los dos sabíamos que habíamos ganado una batalla, pero no la guerra. Conversamos de todo aquella tarde y ya casi de noche volví a mi pensión, donde di la noticia. Algunos compañeros se alegraron y otros se mostraron indiferentes. Esa era la vida que hacíamos, no todos estábamos en la misma línea.

Los días pasaban y las semanas se sumaban, yo seguía visitando a Mario en cada oportunidad que podía, ya que el dinero para el bus no siempre estaba disponible.

Él me hablaba de cosas que a veces no tenían sentido y yo me daba cuenta de que esto se debía a la soledad en que se encontraba.

Los curas le daban buena comida y lo trataban bien, pero no le daban la compañía que él tanto necesitaba. Fue así como un día fui a la Oficina del Comité y abiertamente le planteé al coordinador que esto no podía seguir así, y le pregunté hasta cuándo tenía que esperar para traerlo a alguna pensión.

Él me miró directamente y me preguntó:

—¿Usted se haría cargo de él?

—Claro —fue mi respuesta inmediata.

—Bueno, entonces haremos las cosas hoy mismo, para que él se mude donde usted vive.

Las cosas se hicieron enseguida y yo fui ese mismo día con la tarjeta del Comité a buscar a Mario.

Cuando llegué y hablé con el cura que estaba a cargo del monasterio, este me dijo que era una buena decisión y muy humana, ya que ellos también sentían la soledad de este hombre; lo llamaron de inmediato. Cuando él llegó a la oficina y me vio, una sonrisa en su rostro me hizo entender que comprendía todo, sin necesidad de palabras.

—Compadre, tome todas sus cositas, que estamos de mudanza ahora mismo —le dije.

—No te creo —me respondió él.

—Sí, es cierto, tenemos todo arreglado para que vengas a vivir a la pensión donde yo estoy.

Nos despedimos del sacerdote, le dimos las gracias por su ayuda y nos pusimos en camino hacia la ciudad.

En el trayecto, le informé de cómo habían sucedido las cosas y contesté a un montón de preguntas que él me hizo.

Ya era casi el atardecer, cuando llegamos a la casa. Entramos y, de inmediato, organicé una reunión con todos los compañeros que se encontraban ahí presentes.

—Compañeros, tengo el gusto de presentarles a Mario Grez Salinas e informarles que, desde hoy, él vivirá aquí con nosotros. Por lo tanto, pido la cooperación de todos ustedes y les agradezco, desde ya, el apoyo que él tanto necesita.

Todos se mostraron muy contentos y comenzaron las preguntas, unas con bastante sentido, pero otras un tanto morbosas, acerca de cómo este chileno había huido de la dictadura.

La vida continuó y todo siguió casi igual que todos los días.

Mario se adaptó de inmediato e hizo amistades con muchas personas.

Pero a veces, en las noches, sufría de ataques de angustia y se producían los dramas. Casi siempre, Mario se subía a la azotea de la casa y trataba de lanzarse al vacío; la depresión que tenía era fuerte. Entonces fue ahí cuando, con la ayuda de otros compañeros, formamos un grupo de apoyo para no dejarlo solo las 24 horas del día. Todo marchaba bien y yo me di un respiro para ver cómo iban mis solicitudes y saber dónde podríamos viajar con mi pequeña familia. Mi esposa siempre me apoyó, pero fue un poco dura con sus críticas en algunas oportunidades. Mi hija parecía ser que estaba bien, pero no era el lugar correcto para su crecimiento. Yo también tenía mis momentos de angustia, al no saber exactamente dónde iríamos. Nunca en mi vida había caminado tanto, conocía casi todas las calles de Lima y era tanto el ir y venir, que a veces no sabía exactamente el día en que estaba viviendo.

Uno de esos días, alguien me dijo que Mario andaba en mala compañía; yo me sorprendí bastante, ya que en la pensión él se comportaba normalmente y nada parecía raro.

Hice la investigación y descubrí que algunos "amigos" lo invitaban a salir y siempre lo llevaban a alguna cantina, donde estos amiguitos se las arreglaban para informar a los clientes que allí se encontraba el "pavo" que huyó desde Chile, en el tren de aterrizaje de un avión. Esa noticia les servía para que les dieran como regalo cerveza o cualquier otro licor para beber; o sea, lo usaban como anzuelo para conseguir tragos gratis.

Al saber esto, fui al instante y hablé con Mario.

—Oye, compañero, necesito que me expliques claramente tu comportamiento en relación con las salidas con tus amigos.

Al principio, él trató de justificar su actitud, pero yo fui más directo y le dije:

—Tu situación aquí en el Perú no es como turista. Además, tú no tienes documentación y estás arriesgando tu futuro y el de tu esposa e hija, ya que si te detienen por alguna razón, ahí se complicaría la cosa. En estos momentos, hay varias personas muy importantes que están tratando de traer a tu familia aquí a Lima para que se reúna contigo, y tú podrías estropear todo con tu conducta. Pero si a ti esto no te importa, sigue adelante, yo no soy nadie para controlar tus movimientos. —Seguidamente, le hablé en verdadero chileno y usé palabras muy fuertes.

Esto lo hizo reaccionar y, casi con lágrimas en los ojos, me pidió que lo disculpara. Yo le dije que él era el único que podía arreglar esa situación.

Después de esta conversación, todo se arregló y no hubo nada que lamentar.

Su conducta cambió para bien y fue así como varias semanas después tuvimos la gran alegría y sorpresa de recibir a su esposa e hijita.

Fue una tarde cualquiera; estábamos todos en el Comité, y de repente alguien entró corriendo y preguntando por mí. Al escuchar mi nombre, me di vuelta y vi a un compañero que se dirigió hacia mí.

—¿Qué pasa? —quise saber.

—Allá afuera está una señora con una niña y preguntan por ti.

Enseguida me dirigí hacia la puerta y vi a una mujer joven y a una niñita que sostenía su mano. Al lado, una pequeña maleta como todo su equipaje.

—Señora, qué se le ofrece —le hablé cortésmente.

—Yo soy la esposa de Mario Grez Salinas y alguien me dejó en esta dirección y me dijo que preguntara por Johnny Núñez.

Inmediatamente sentí algo por mi cabeza. Yo sabía que ellas venían, pero no sabía cuándo. La operación se estaba haciendo con tanta cautela, que yo solamente supe en ese momento que todo había resultado bien.

—Avisen a Mario para que venga de inmediato aquí afuera —grité a alguien que estaba cerca.

En cosa de segundos, este llegó y quedó casi paralizado de la emoción. Acto seguido, abrazó a su esposa y a su pequeña hija, y se sumergieron en un llanto de alegría. No solamente ellos lloraron en ese momento, ya que a varios de nosotros nos rodó más de una lágrima por nuestras mejillas, al ver ese cuadro tan patético, de un hecho que había conmovido a casi todo el mundo, de la historia de este chileno.

Cuando la calma volvió a nosotros, nos fuimos derecho a la Oficina del Comité, para notificar la llegada de la esposa de Mario.

En pocos minutos, ya estaban organizado su traslado a otra pensión, donde habría algo más de comodidad para el matrimonio.

Nos despedimos cariñosamente y, más adelante, nos seguimos viendo bastante seguido en el Comité o en alguna embajada donde estábamos tramitando nuestras aplicaciones.

Años después, en la ciudad de Perth, Australia, y en una radio emisora donde yo trabajaba, me enteré, por intermedio de una muchacha que venía de la BBC de Londres, de que Mario había salido con destino a Inglaterra, donde ella le había hecho una entrevista. Muy por el contrario de lo que la Junta fascista había dicho: que este chileno había regresado al país muy arrepentido y desilusionado por el exilio.

El tiempo siguió transcurriendo y relativamente todo continuó igual aquí en esta tierra encantadora para tantos, donde la amistad de un pueblo alegre, especialmente en estos días en que se celebraba la fiesta nacional patria, nos hizo, a nosotros que estábamos llenos de problemas, olvidarnos de ellos. Y fue así como muchos de nosotros participamos de las fiestas de diferentes formas. Esto sucedió ya a finales del mes de julio del año 1974.

Cap. VI

Pasado todo este episodio de alegría, volvamos a la realidad y sigamos caminando por las calles de Lima.

Yo, por mi parte, había participado en algunas actividades políticas con algunos compañeros peruanos. Era una forma de mantenerme activo y no caer en ese letargo que a muchos exiliados los había consumido totalmente. Tuve la triste experiencia de ver el cambio de varios de ellos y ver cómo poco a poco se habían perdido sus ideales, al soñar que algún día podían ir a Europa, Estados Unidos o Canadá, Australia o a cualquier otro lugar del mundo sin pagar un solo peso, ya que las Naciones Unidas lo hacían sin objetarnos el lugar al que nosotros eligiéramos ir.

Ese día, tenía una entrevista en la Embajada de Canadá; llegué a la Embajada puntualmente y esperé mi turno. Antes de mí ya habían sido entrevistados cuatro o cinco compañeros por cinco o diez minutos cada uno, y todos habían sido aceptados sin ningún preámbulo. Cuando ellos salieron de la oficina, el comentario fue el mismo:

—Todo es fácil, todos seremos aceptados e iremos para allá.

Al escuchar esto, comencé a imaginarme que mi destino sería Montreal, Ottawa o Vancouver.

Estaba esperando que saliera la persona que me antecedía, cuando la secretaria me dijo:

—Señor Núñez, lamentablemente su entrevista no puede ser hoy día, ya que el embajador tiene que paralizar su trabajo y salir inmediatamente al Aeropuerto. Pero no se preocupe usted, porque en tres o cuatro días más, le notificaremos su entrevista.

Salí del edificio un poco triste y desalentado, y eché a andar sin rumbo fijo, pensando en cuál sería mi destino, pero no me desanimé y me dije a mí mismo: "Así es la vida".

Al segundo día de este acontecimiento, tuve la gran sorpresa y alegría al mismo tiempo de recibir, esa misma mañana, tres cartas de tres diferentes embajadas: Australia, Inglaterra y Nueva Zelanda.

Las leí y todas decían lo mismo: "Señor Núñez, usted ha sido aceptado para emigrar a nuestro país". En ese momento, pareció que tocaba el cielo con las manos, pero con mucha calma pensé: "Lo que tengo que saber elegir sin equivocarme es el lugar que pudiera ser más conveniente para mí y mi pequeña familia".

Conversé con mi esposa, analizamos y estudiamos una vez más las características de cada país y, después de una segunda conversación, decidimos ir a Nueva Zelanda. Yo pensé que ese lugar era el más apropiado para poder aprender la nueva forma de vida que iríamos a necesitar en el futuro.

También se parecía mucho a las partes del sur de mi querido Chile, ya fuera por su clima o por sus grandes extensiones verdes, que recreaban la vista y donde se podía ver a miles y miles de ovejas pastando pacíficamente.

Pero por encima de todo esto, Nueva Zelanda me atrajo desde el primer momento por su historial político y democrático, del cual estoy orgulloso por todos los años que siguieron durante mi exilio.

Como ejemplo de lo que yo pensaba, siempre he tenido muy claro que es algo muy importante el hecho de que un país, a través de sus leyes, le dé igualdad a la mujer en sus derechos. Nueva Zelanda fue el primer país del mundo que le dio el derecho de sufragio a la mujer.

Considerando estos factores y otros más, la decisión fue tomada. Y fue así como fui a las embajadas de Australia e Inglaterra a notificar mi decisión y, al mismo tiempo, a agradecerles por haberme aceptado, cosa que en los dos lugares me comprendieron y además me felicitaron porque, según ellos, era una decisión muy correcta.

Después de esto, comencé a organizar mi viaje a través del Comité y ya esperando la fecha de salida. Durante este tiempo de espera, llegó mi primer 11 de septiembre después del golpe y me encontró en un país vecino, asilado y con la esperanza de seguir adelante.

Aquella mañana me levanté temprano, como era mi costumbre, y pensé en los hechos que habían transcurrido en mi vida, durante los últimos 12 meses; dentro de mí había un sentimiento de amargura y tristeza.

Pensaba en aquellos compañeros que fueron desaparecidos o encarcelados y que no tuvieron la más mínima oportunidad de salvarse y salir como yo lo hice, ni menos la de rehacer su vida en cualquier otro lugar del planeta.

En el transcurso de esa mañana, vi que todo seguía igual para todo el mundo; a la hora del almuerzo, nadie decía nada.

Esto me irritó un poco y fue así como convoqué a una reunión general con todos los que vivíamos allí. Al juntarnos, hablé de una forma clara y sencilla. Resalté la condición del asilado político y la obligación moral de cada uno de nosotros, pedí un momento de recogimiento para recordar a nuestros caídos e hice hincapié en nuestro trabajo solidario cuando saliéramos al exterior.

La reunión fue breve y emotiva, algunos captaron la idea y otros solamente escucharon.

Estábamos ya a fines del mes de septiembre y parecía ser que la fecha de mi viaje sería muy pronto. Entretanto, me dediqué a juntar direcciones y números de teléfonos de compañeros que estaban en diferentes países, pensando que más adelante podrían ser de utilidad. También conservé en mi libreta varios de aquí de Lima, para seguir en contacto con aquellos que aún no viajaban. Además, estaba participando en las últimas reuniones con algunos compañeros peruanos con los cuales me había unido una fuerte amistad solidaria, durante estos meses que viví por aquí.

Por fin llegó la confirmación y fecha del viaje: 4 de noviembre de 1974. Fue ahí cuando ya empecé a ver la luz de mi destino; al saber la fecha y el lugar donde iría, parecía que estaba naciendo de nuevo. Pero, al mismo tiempo, empecé a darme cuenta de que estaba dejando atrás muchas cosas de mi vida.

Sueños, ilusiones, ambiciones, raíces, personas o compañeros a quienes tal vez nunca más vería el resto de mi vida. Pero pensé que tenía que prepararme y ser fuerte, para hacerle frente a este destino que ya estaba marcado desde el principio, pero que nosotros nunca sabremos hasta que las cosas suceden en su día y momento.

En estos días, se notaba mucho movimiento en el Comité. Se habían organizado más viajes de lo normal, quizá porque deseaban mandarnos a todos a la vez. La presión internacional a los diferentes países hizo que estos abrieran sus puertas para recibirnos y cumplir así frente a las Naciones Unidas.

Los últimos dos días los dediqué a despedirme de muchas personas que, de alguna manera, me ayudaron de diferentes formas, pero fui también a la oficina de un funcionario de las Naciones Unidas, el doctor Bertha, un hombre muy sencillo para el puesto que ocupaba. Siempre estaba atento a nuestras necesidades y muy dispuesto a solucionar cada problema que le llevamos. Hombres como él no hay muchos, ya que, más allá de ser un funcionario de una entidad tan grande como las Naciones Unidas, era una persona humana ciento por ciento.

Cuando llegó el gran día, me levanté bastante temprano y revisé todo, para comprobar que estaba en orden. Día domingo, y con muy buen tiempo. El vuelo estaba anunciado para las 2 de la tarde, pero mucho antes del mediodía, ya estábamos en el Aeropuerto. El grupo que viajaba conmigo era de seis matrimonios y sus hijos, y tres compañeros solteros. En total éramos 33, de un cupo de 50 que el Gobierno de Nueva Zelanda había ofrecido.

Iríamos juntos hasta Tahití con otro gran grupo con destino a Australia, y allí nos separaríamos.

Cuando llegamos, no había mucha gente, pero de repente, el lugar se llenó y se produjeron algunos encuentros con varios compañeros que hacía bastante tiempo que no veía. Recuerdo con especial atención cuando comenzamos a cantar "Te recuerdo Amanda", aquella canción de Víctor Jara que era como nuestro himno, ya que siempre lo entonábamos cuando íbamos a dejar a alguien al Aeropuerto. Hoy día me la cantaban a mí. Así era la vida, siempre le llegaba el turno a alguien.

En medio de ese gentío, alcancé a divisar a Mario, quien había venido a despedirme. Al llegar a mi lado, me dijo:

—Gracias por lo que hiciste por mí y mi familia. Nunca voy a olvidarme de ti.

—No te preocupes —le contesté—, trata de ir hacia delante y yo te deseo lo mejor de lo mejor.

—Igual yo —me respondió, en tono muy sincero y humilde.

Ya faltaba poco para entrar a la sala de espera y de ahí, un paso al avión. Antes de ingresar, conversé con un compañero y, espontáneamente, metí las manos en mi bolsillo y le di todo el dinero que tenía, aunque no era mucho, y le dije:

—Compañero, recibe esto, que yo no lo necesito. En el avión me darán comida y el hotel en Tahití ya está pagado. Ojalá que a ti te sirva para algo.

Fue tanta la gente que había venido, que yo perdí la cuenta de con cuántos me despedí.

Llegó la hora y nos dieron el último aviso. Tomé de la mano a mi hija y abracé a mi esposa, quienes hasta el momento se habían mantenido muy quietas. Iniciamos nuestro camino y nos despedimos por última vez, levantando nuestras manos en un gesto de alegría. Yo pensé interiormente: "Gracias Perú, gracias hermanos. Gracias por haber mantenido siempre esa ventanita abierta para que nosotros pudiéramos huir de la Junta fascista".

Muy a pesar de las críticas de por qué el Perú nunca rompió relaciones diplomáticas con la Junta, gracias a esa posición solidaria, el Gobierno peruano ayudó a miles de chilenos. ¿Qué habría sucedido si se hubiesen roto las relaciones diplomáticas? Todos nosotros los que estábamos saliendo tal vez ya no existiríamos o estaríamos en algún campo de concentración de la Junta.

El avión despegó sin problemas y a bordo estábamos los que se suponía éramos exiliados políticos.

Grande fue mi sorpresa cuando observé a algunos "compañeros" que comenzaron a pedir algo para beber, o algún otro licor, y ahí empezó la danza de los dólares que les daba un aire de turistas.

Al llegar a Tahití, nos ubicaron en un hotel donde tuvimos que esperar durante 36 horas para tomar la conexión a Nueva Zelanda. Durante este tiempo, casi todos salieron de compras y se inscribieron en los diferentes servicios de turismo y en buses para conocer la ciudad, y siguió la danza de los dólares, algunos de los cuales eran falsos, según me enteré después. ¿Qué tal la pastita?

Al entrar a la habitación que nos asignaron, encontré varias tarjetas de esa hermosa ciudad. Tomé una y escribí un simple saludo para alguien allá en el Perú. Enseguida fui en busca de un compañero de viaje, quien en muchas oportunidades me había ofrecido, allá en Lima, ayuda para cuando saliéramos, ya que, según él, tenía algunos ahorros en dólares. A este compañero le solucioné varios problemas y él siempre se sintió seguro al lado mío.

Cuando lo ubiqué en la piscina del hotel, le dije:
—Joaquín, ¿podrías tú prestarme 15 centavos para comprar una estampilla y enviar esta tarjeta?

Él me miró en forma rara y me respondió:
—Tengo que consultarlo con mi esposa, ya que tú comprenderás que ahora estamos en tierra extraña y hay que cuidar el dinero.

Yo me sentí bastante avergonzado y me arrepentí de haberle pedido esta ayuda que nunca llegó.

Esta fue la primera, gran sorpresa negativa, a la cual le seguirían muchas y muchas, en relación con la integridad moral y solidaridad de numerosos chilenos que conocí después.

Las siguientes 36 horas que viví en Tahití las pasé en mi cuarto o en la piscina, ya que no disponía ni siquiera de lo suficiente para comprar un refresco. Con ese calor insoportable y la humedad tan alta, lo único que hacíamos mi hija, mi esposa y yo era tomar agua y más agua.

Al fin llegó el momento, ya estábamos embarcados en un avión de Air New Zealand y tomamos el rumbo hacia ese hermoso país.

Llegamos a la ciudad de Auckland donde nos esperaban la TV y otros medios de prensa. Éramos la novedad del día. Después de tres o cuatro horas, nos embarcaron en otro avión, con destino a Christchurch, una bella ciudad en la Isla del Sur. Al llegar ahí, también estaba la TV y siguieron las entrevistas; yo tomé una posición bastante tranquila y pasé desapercibido, pero otros compañeros mostraron sus talentos de artistas de cine.

Desde el momento en que llegamos a Nueva Zelanda, en el Aeropuerto de Auckland se nos unió al grupo un sacerdote católico que hablaba español perfectamente y que había viajado con nosotros hasta la Isla del Sur. Este hombre, que vivió muchos años en Chile, nos comprendía muy bien y entendía las razones por las cuales salimos del país. Él nos ayudó por varios años y se hizo un gran amigo de muchos de nosotros. Su nombre era Sean O'Connor, pero nosotros le decíamos cariñosamente Juan.

Comenzó nuestra nueva vida y, al principio, todo fue novedad. El idioma, las personas, las calles, el tráfico de vehículos, aquí es por el lado izquierdo, en fin, hubo que programarse bien para salir adelante.

Ya habían transcurrido algunas semanas y yo empecé a notar que aquí no estaba mi futuro. La ciudad era hermosa, pero muy tranquila. No había nada que me indicara que yo podría quedarme aquí. Cada día era de una monotonía rutinaria, hasta que por fin me decidí y avisé a mis padrinos que me iba. Debo decir que, cuando llegamos a esta ciudad, cada uno de nosotros fue apadrinado por una familia de las diferentes iglesias. Ellos nos consiguieron casa y todo lo necesario para comenzar a vivir en ella: muebles, utensilios para la cocina, TV, radio, en fin, todo lo que podíamos imaginar, hasta bicicletas para salir a pasear.

Todo esto hizo que muchos compañeros comenzaran a pedir más y más. Yo, por mi parte, renuncié a todo; fue así como, dos días antes de la Navidad, estaba viajando a la ciudad de Wellington, donde yo pensaba que podría desarrollar alguna actividad política de denuncia contra la Junta fascista chilena.

Al principio esto no fue nada fácil, ya que yo no hablaba inglés y aquí nadie hablaba español. En algunas oportunidades, tuve que usar mis pequeños conocimientos de italiano para hacerme comprender. Vivíamos en un barrio humilde y sencillo, y mi primer trabajo lo conseguí en una fábrica textil. Ahí trabajaba hasta las 3 de la madrugada con un muchacho inglés, que siempre me decía "*you are a piece of shit*"; yo escuchaba y sonreía, sin entender nada. Tiempo después, cuando comencé a entender este nuevo idioma, recordé eso y me dolió saber que ese hombre me decía que yo era un pedazo de mierda. Esto me sirvió en mi determinación de aprender ese idioma lo mejor y más rápido posible, y poder contestar como correspondía en cualquier momento y a cualquier persona.

Ya habían pasado los primeros tres meses de ese año 1975 y yo había participado en algunas reuniones con estudiantes de la Universidad de Wellington, pero todavía no encontraba el camino que andaba buscando. Hasta que un día cualquiera, y casi por arte de magia, alguien me informó que en esa ciudad había un pequeño comité solidario con Chile.

Al saber esta noticia, pensé que había encontrado la punta de la hebra de una madeja que se desenrolló día por día.

Era un martes, 7 y 30 de la tarde; llegué a un edificio y reconocí la sede de la Oficina Central de los sindicatos del país. Este lugar era conocido como el Trade Hall. Entré al edificio y busqué el número de la oficina que yo tenía anotado en un pequeño pedazo de papel que había conservado con mucho cuidado los últimos tres días. Al golpear la puerta, alguien desde adentro me gritó que entrara. Yo avancé y lo primero que vi fue una mesa grande, de esas que usan en las compañías donde se reúnen los directores para discutir las estrategias. La mesa brillaba por la capa de barniz que tenía, pero a mí me pareció más esplendoroso ver a cuatro hombres que me miraban con aire de interrogación.

Al verles las caras, lo único que se me ocurrió fue decirles *"I am a chilean"*. Cuando ellos escucharon esto, se pararon de sus asientos y me abrazaron con tanta emoción, que yo pensé que todo era una comedia. Con el correr del tiempo, estos hombres fueron los únicos compañeros con los cuales trabajé políticamente en contra de la Junta. Uno era inglés y los otros tres, neocelandeses. Pertenecían a cuatro diferentes sindicatos y, hasta ese momento, mantenían un pequeño comité solidario con Chile, pero nunca habían tenido la oportunidad de conocer a un chileno en persona. De esa manera, yo pasé a ser como el estandarte de ellos y comenzó nuestro trabajo.

Nuestra primera actividad fue reunirnos con los diferentes sindicatos para coordinar las siguientes tareas.

Ray era el nombre del jefe de este Comité. Un hombre nacido en Nueva Zelanda y por mucho tiempo miembro del Partido Socialista de este país, trabajador del Sindicato Marítimo y muy interesado en el problema chileno.

Bill, nacido en Nueva Zelanda, miembro del Sindicato de Profesores y con una larga trayectoria sindicalista.

Bill, otro neocelandés miembro del Comité y trabajador del Sindicato de los Ferrocarriles.

Joe, nacido en Inglaterra, sindicalista toda su vida y ahora viviendo aquí en este país.

Y yo, recién llegado y con muchas ganas de aprender inglés para poder expresar mis ideas de trabajo. Esto para mí era un gran desafío, pero no tenía nada de miedo y mi seguridad era absoluta. Pensaba que si me guiaba por una línea de verdad sobre los hechos acontecidos en Chile, no tendría problemas, yo no pretendía en ese momento decir que lo sabía todo, ni que tampoco tenía la solución. Solamente pensaba cumplir con mi deber de exiliado político y tratar de ayudar de algún modo a la solidaridad internacional y así, todos juntos, luchar contra la Junta fascista.

A la semana siguiente a mi llegada, ya habíamos avanzado bastante. Teníamos contacto con todos los medios de prensa, radio y televisión, y también ya habíamos hecho un enlace con las diferentes sedes del Partido Laborista a través del país.

Ese día viernes en la tarde comenzaba nuestra primera actividad; estábamos ya preparando nuestro primer viaje a tres pueblos diferentes durante ese fin de semana. Saldríamos en la noche para llegar a primeras horas de la mañana del sábado; íbamos en auto Ray y yo, y un alto dirigente del Trade Hall. El Trade Hall era algo así como lo que nosotros en Chile llamábamos la Federación Sindical.

El viaje se desarrolló sin novedades y durante el camino, que duró toda la noche, conversamos de muchas cosas; esta era una forma de conocernos, y ellos me preguntaron de varios aspectos de Chile y Latinoamérica; según mi opinión, estas personas estaban muy bien informadas de nuestros países, no solamente de la parte política, sino de otras cosas tales como la geografía, el clima, hechos importantes y personajes de nuestra historia. Llegamos a un pueblo muy pintoresco y hermoso; una llamada telefónica y ya estábamos en camino a la radio emisora más popular de ese lugar.

Al llegar, nos recibieron muy bien, arreglamos los últimos detalles y entramos a un pequeño estudio donde tendría lugar mi primera entrevista, a la cual se sumarían muchas y muchas más durante mi largo exilio, en diferentes ciudades y en dos países diferentes, Nueva Zelanda y Australia.

El locutor me preguntó sin rodeos por qué se produjo el golpe militar en Chile.

Yo le contesté directamente que esto no era nada nuevo en Latinoamérica, ya que por muchos años los imperialistas norteamericanos nos habían dominado a través de algunos de nuestros propios gobiernos que se habían entregado o rendido a ellos; y cada vez que se podía producir algún cambio, ellos habían actuado para desestabilizar la vida democrática de cada país. En el caso de Chile, esto sucedió porque, finalmente y después de muchos años y muchas luchas, en el año 1970, en una fecha inolvidable para tantos, 4 de septiembre, elegimos por la vía democrática y en una elección libre al gobierno que nuestro país necesitaba. Este gobierno era una coalición de partidos de izquierda y estaba formado por sectores de diferentes tendencias.

El locutor me preguntó sobre la participación del Partido Comunista en esta coalición, a lo cual yo le respondí que era mínima; la misma pregunta me la hicieron muchas veces más y en diferentes lugares; todo esto tenía su sentido, ya que

Norteamérica, la máquina imperialista, había expandido por todo el mundo el miedo a esta fracción política, y en estos países, como Nueva Zelanda, el nombre "comunismo" era sinónimo de "terror". O sea, la equivocación a nivel mundial se repetía siempre.

En esta primera entrevista, tuve también la oportunidad de medir la situación desde otro ángulo; mis compañeros de trabajo me dieron mucho apoyo cuando yo no entendía claramente las preguntas, por los problemas de mi pobre inglés. Ellos contestaban con una claridad absoluta y demostraban conocer profundamente la situación política chilena, era fantástico ver cómo desde el primer día nos entendimos tan bien.

Este primer viaje resultó todo un éxito en nuestra tarea, y le siguieron varios más a diferentes lugares. Siempre salíamos de noche o de madrugada y llegábamos a nuestros destinos un poco cansados, pero con un valor y un ánimo combativo que nos daban muchas energías.

Cuando volvíamos a nuestra ciudad, Wellington, el domingo por la noche, nos despedíamos con el compromiso de encontrarnos al día siguiente para hacer el análisis de nuestro viaje y coordinar el próximo.

Un día estaba yo preparando algún material cuando el teléfono llamó; era mi amigo Juan O'Connor, quien quiso saber si tenía tiempo para ir a un lugar de detención, o sea, ir a la cárcel. Yo le pregunté la razón de esta visita y él me explicó que había un muchacho colombiano detenido y necesitaba ayuda. Yo de inmediato le dije que sí y fue así como, ese día en la tarde, conocí a mi gran amigo Carlitos Bulla Correa.

Desde el principio, el muchacho se ganó mi simpatía. Era muy humilde y educado. En más de una oportunidad, él trató de contarme el motivo de su detención, la cual duró dos años, pero yo siempre le dije que no necesitaba saber los detalles, para mí era un latinoamericano con problemas en un país extraño y eso era suficiente para ayudarlo. En los primeros dos meses, fui cada domingo en la mañana a las 8, para estar con él durante las horas de visita. A veces, el clima era súper malo, lluvia y viento, y desde la estación del tren tenía que caminar entre 6 y 7 kilómetros hasta llegar al lugar de detención; este era como un gran colegio agrícola, sin rejas y casi todo abierto. Los internos hacían una vida casi al aire libre, trabajaban y estudiaban por correo.

Mi amigo Carlitos se sintió muy feliz desde el principio y fue así como nació una amistad durante todo ese tiempo, que terminó el día que él fue deportado a Colombia, ya que nunca supe nada más de él; después de estos primeros dos meses, fue aprobada la solicitud que yo había presentado al Departamento de Justicia. Esta solicitud era para patrocinar a Carlitos, sacarlo cada viernes a las 5 de la tarde y volver con él el domingo antes de las 7 de la tarde. De esta forma, la vida para él cambió y podríamos decir que casi olvidó su real situación. En ocasiones, fui invitado a algunas presentaciones artísticas de los internos, como parte del programa de rehabilitación de los detenidos. En esas oportunidades, Carlitos me hizo conocer a casi todos sus compañeros, ladrones, estafadores, en fin, gente con diferentes problemas por los cuales estaba detenida.

Yo nunca hice alguna diferencia con ninguno de ellos y a todos les traté con mucha simpatía y respeto. Durante estos dos años, mi amigo Carlitos siempre mostró una conducta ejemplar y cayó muy bien en el pequeño círculo de amistades que yo tenía. A veces, salía con alguno de mis amigos y a veces salía solo, y siempre volvió; esto fue motivo de orgullo para mí, ya que nunca falló a la confianza que había puesto en él.

El día de su partida con destino a la ciudad de Medellín, allá en Colombia, fue la última vez que lo vi; nunca imaginé, ni siquiera por una fracción de segundo, que muchos, pero muchos años después, yo también llegaría a esta hermosa ciudad.

Cap. VII

Yo trabajaba con una gran compañía exportadora de vinos y licores. Ahí tuve la oportunidad de aprender bastante inglés, ya que en el salón de ventas, con los clientes, que siempre preguntaban mucho sobre diferentes licores, mi oído comenzó a familiarizarse con este nuevo idioma; también me ayudaba con un pequeño libro y trataba de leer el periódico cada día; anteriormente, había estado trabajando con una compañía distribuidora de revistas y libros.

Aquí aprendí a leer, pero no a hablar, ya que en la línea de empaque donde estaba asignado solamente se hacía eso, empaquetar pedidos y nada más.

Yo quería aprender más y más, era una obligación para mí.

Habían transcurrido varios meses desde que me integré a este Comité, y un día llegó una invitación, para que me presentara en una gran convención sindical donde estarían presentes delegados de todos los sindicatos de esta parte del mundo, vale decir, Nueva Zelanda, país anfitrión; Australia, toda el área de la Polinesia y algunos países de Asia, en total, como 3.000 delegados. Nosotros aceptamos esta invitación con mucho entusiasmo y comenzamos a prepararnos para cumplir un buen papel y sacar el máximo de provecho para nuestra causa.

A la semana siguiente, sucedió un hecho extraño, pero que en ningún momento me sorprendió.

A mi casa llegó un funcionario del Gobierno, que venía con un mensaje del Primer Ministro. Este era bien simple y directo: me prohibían que me presentara en la conferencia sindical; yo al principio sonreí y, en mi inglés imperfecto, pregunté el por qué de esta orden. Al no llegar a nada claro, le pedí a este señor que me esperara unos minutos y, acto seguido, tomé el teléfono y llamé a mi gran amigo Juan O'Connor. Le pedí que viniera inmediatamente, en menos de 20 minutos llegó y ahí pudimos entendernos muy bien.

El Primer Ministro estaba preocupado de que mi intervención fuera muy revolucionaria y los sindicatos se volvieran contra el Gobierno; además, decía que yo no podía intervenir en la política del país y, para sostener esta orden que me daban y atemorizarme, el funcionario agregó que yo podría ser deportado de inmediato.

Al escuchar esto último, sonreí de una manera que sorprendió a él y a mi amigo Juan, y le dije:

—Mi estimado señor, sepan usted y su Gobierno que yo nunca iría en contra de ustedes, al contrario, estoy muy agradecido del asilo que me han dado. Pero yo no puedo aceptar esta orden. Salí de Chile por razones políticas, y donde yo vaya trataré de cumplir mi papel de exiliado político. Ahora, en esta conferencia, participaré como un sindicalista más y denunciaré la persecución, el encarcelamiento, la tortura y la muerte de mis compañeros de clase, eso no es en ningún momento ir en contra del Gobierno de Nueva Zelanda. Pero si ustedes insisten en mi deportación, tampoco hay problema alguno. Ustedes tienen que saber bien claro que estoy protegido por la Convención de las Naciones Unidas y yo elegiría el país al que me iría. Además, antes de que eso suceda, llamaría a todos los medios informativos para hablar con ellos sobre esto. Y no me estarían echando afuera a mí, ni por criminal, ladrón, traficante, homosexual o cualquier otra razón. Ahí sí que ustedes tendrían un problema, ya que también yo podría hablar un poquito sobre la participación de la CIA aquí en Nueva Zelanda. Tengo bastantes pruebas como para mostrar que me siguen, espían y controlan mis pasos. Además, sé cuántos agentes hay aquí en este momento de paso a otros países de Asia, lo cual el Gobierno nunca ha querido hacer público.

Al lanzar esta pequeña bomba, el funcionario del Gobierno me miró muy sorprendido y me preguntó cómo yo sabía tanto.

Yo no le contesté y, a través de mi intérprete, di por terminada esta reunión.

Los días pasaron y llegó el día esperado, la conferencia fue todo un éxito y a mí no me sucedió nada, al contrario, tuvimos la oportunidad de consolidar más nuestra lucha y seguir adelante.

En las siguientes semanas y meses, ya habíamos viajado por casi todo el país, siempre con el apoyo del Partido Laborista, pero aquí en la capital, Wellington, el Partido nos había ignorado, hasta que no pudieron más y el líder de la oposición, porque en ese momento el laborismo era oposición, nos invitó al Parlamento para una reunión informativa.

Ahí tuvimos la oportunidad de exponer los puntos y metas de nuestro Comité Solidario con el pueblo de Chile. Fue una buena oportunidad para llegar hasta el Parlamento en sus días de sesiones.

El año anterior (1974), Nueva Zelanda, allá en las Naciones Unidas, había hecho su voto de abstención, o sea, neutral, en contra de la dictadura del tirano Pinochet, pero en este año 1975, el Gobierno cambió su postura y se sumó a la larga lista de países que repudiaban la Junta fascista.

Este era uno de los frutos del trabajo político que desarrollábamos en nuestro Comité.

Durante el transcurso del año, tuvimos bastante trabajo, en diferentes frentes. Pero yo recuerdo algunos con más atención que otros.

Por ejemplo, un día cualquiera ya en 1976, en el periódico, apareció a página entera la propaganda de LanChile, anunciando su vuelo inaugural para el próximo año.

Nosotros, al ver esto, comenzamos a diseñar el plan de trabajo y fue así como determinamos los siguientes pasos. Fuimos a conversar con la dirección del Sindicato del Aeropuerto.

Nuestra tarea era detener el brazo represivo de la Junta. Si la nave comenzaba a volar a este país, eso significaría que, a través de la valija diplomática, la Junta tendría mayor acceso al trabajo de nuestro Comité. O sea que había que tener esto a cualquier costo.

Cuando expusimos nuestros puntos a los dirigentes del Sindicato, estos, que eran de facción derechista y se creían capitalistas, rechazaron de plano nuestra postura.

Nosotros pedíamos una declaración pública donde ellos dijeran que no le prestarían ninguna asistencia de manutención a la nave cuando llegara al país. Era simplemente que ellos cumplieran el acuerdo que habían firmado un tiempo atrás con la Federación Sindical Mundial. Este acuerdo era "Nada para la Junta, nada desde la Junta".

Las conversaciones subieron de tono y al final ellos se mantuvieron en el rechazo de nuestra petición.

Fue ahí cuando yo solicité la palabra y les dije:

—Compañeros, ustedes no pueden desconocer los acuerdos que otros sindicatos han estado manteniendo ya por mucho tiempo, como por ejemplo el Sindicato Marítimo, que ha estado firme desde el principio. Ahora les llega el turno a ustedes. Y bueno, si ustedes no hacen nada y la nave llega aquí, yo les puedo asegurar que esta no sale de regreso y es más, tendrían que recogerla con cucharitas de té.

Al escuchar esto, el jefe sindical se puso de pie y me gritó:

—¡¡TERRORISTA!!

Hasta ahí nomás llegó la reunión y nos fuimos, no sin antes informarles que les dábamos un plazo de 24 horas para que nos comunicaran su decisión.

Cuando estábamos ya en la calle, uno de mis compañeros me dijo:

—Estuviste muy bien, pero un poco exagerado.

Yo le contesté:

—No importa lo que ellos piensen de mí, lo importante es que reaccionen a favor nuestro.

Al día siguiente y antes del mediodía, recibimos la noticia que esperábamos. El Sindicato del Aeropuerto haría una declaración pública exactamente como nosotros pedíamos.

Triunfo total, y LanChile nunca llegó en muchos años.

Todo esto se supo en la comunidad chilena, que ya había crecido un poco más en esta ciudad, pero ninguno de cuyos miembros se había integrado al Comité.

La mayoría de ellos y sus familiares estaban viviendo una vida de turistas o nuevos ricos, ya que ahora tenían muchas cosas que ellos nunca soñaron tener. Y al saber que la línea aérea no llegaría y las encomiendas y cartas seguirían demorándose más de tres semanas en arribar, ellos demostraron su descontento con el Comité y especialmente en contra mía, de diferentes formas. También estaban desconformes con nuestro trabajo político, ya que anteriormente habíamos parado la llegada al país del buque escuela Esmeralda. Sobre este punto, recuerdo un hecho.

Desde Chile, me llegó una revista donde aparecía una foto a todo color y se podía leer: "Embajador chileno en Nueva Zelanda recibe al buque escuela Esmeralda". Pura propaganda de la junta, porque en ninguna línea del artículo decía que el embajador había ido a Fiji, una isla del Pacífico, a recibir al buque. Nosotros, por nuestra parte, no nos demoramos ni 24 horas en hacer pública esta mentira de la Junta en los medios de información. Ese era nuestro trabajo y tratábamos de hacerlo sin exageraciones y sin salirnos de nuestra línea.

En una oportunidad, tuve que hacer una llamada a Lima, al Comité que todavía seguía funcionando. Era una llamada para conseguir información. Al término de mi conversación con la jefa del Comité, esta me hizo saber de un gran problema que ella tenía en esos momentos.

Desde Wellington y hasta ese instante, no le confirmaban la aceptación de una dama chilena que tendría que reunirse con sus familiares que vivían en Nueva Zelanda, y solamente le quedaban 24 horas. Después de ahí, ella tendría que poner a esta dama en la frontera.

Al decirme todo esto, ella me preguntó si yo podría hacer algo aquí en Wellington. Yo le contesté que haría todo lo posible y la llamaría a la brevedad.

Eran las 2 de la mañana y esperé hasta las 6 para llamar a mi amigo Juan O'Connor. Le expliqué la situación y le pedí que me acompañara a la oficina del ministro de Inmigración. Él me dijo que sí de inmediato y, a las 9 de la mañana, estábamos ya en la oficina y sin ninguna cita, pero como yo ya era un poco conocido, no tuve ningún problema y le expliqué la situación a Fiona, que era la secretaria del ministro, y le pedí que por favor me ayudara.

Ella, como siempre tan gentil, no puso ningún problema y me prometió una solución.

A las 10 y 30 de esa mañana, Fiona me llamó por teléfono y me comunicó que todo estaba arreglado. En una hora más, saldría de la oficina del ministro un télex con la confirmación de aceptación de esta persona para que viajara a Nueva Zelanda.

Al anochecer, llamé al Comité de Lima y hablé con la jefa. Ella estaba muy contenta y asombrada de todo, y me preguntó que cómo lo había hecho, a lo que le contesté:

—Si usted trabaja con las personas que corresponde, ellas siempre le ayudarán.

Yo me sentí una vez más satisfecho y agradecido de las personas que me ayudaban cuando lo solicitaba.

El tiempo siguió transcurriendo y ya estábamos a mitad de 1976. Yo trabajaba en el mismo lugar y me había ganado el apoyo total de mi jefe, que siempre me decía: "Yo no entiendo nada de política. Pero sé que tú estás haciendo algo por una buena causa".

Era así como, de este modo, yo usaba cualquier vehículo de la compañía para llevar muebles o cambiar de casa a cualquier familia chilena que necesitara de esto. Además, me daban permiso para ausentarme del trabajo, cada vez que tenía que ir a alguna entrevista o simplemente cuando organizábamos alguna protesta pública en algún lugar (Embajada de Chile o de los Estados Unidos), en fin, mi jefe tenía más conciencia que muchos chilenos que habían llegado y se juntaban en sus casas para contarse historias unos con otros o para formar diferentes "partidos en el exilio".

Hay tantas cosas que podría escribir en este libro, algunas de muy mal gusto y otras casi trágicas. Cosas que no tendrían que haber sucedido nunca, ya que se supone que todos habríamos huido de la Junta aunque hubiese sido por diferentes razones. En muchas oportunidades, sentí vergüenza ajena de los hechos ocurridos, y en más de una ocasión tuve discusiones muy acaloradas con algunos de mis "compañeros", y fue ahí que me di cuenta de un hecho. Para mí, la Junta y sus aliados eran un enemigo visible, yo sabía quiénes eran, cuándo se infiltraban en las conferencias, cuándo me seguían o simplemente cuándo aparecían en los medios informativos.

Pero en la comunidad chilena sucedía lo contrario, la mayoría estaban en mi contra y no mostraban la cara, especialmente aquellos que habían llegado con mucho don de mando de sus partidos y, sin embargo, no aparecían por ningún lado haciendo algún trabajo político. Yo seguía siendo el único chileno en el Comité, mi inglés había mejorado bastante gracias al tesón que tuve desde el principio, y esto me permitía entender y contestar aquellas preguntas con veneno que siempre me hacían en los diferentes lugares en que participaba.

En una oportunidad, recibí una invitación del obispo de la Catedral de Canterbury aquí en esta ciudad; él quería que yo diera una charla sobre la infancia y la mortalidad infantil en Latinoamérica. La concurrencia era la crema de la sociedad de Wellington; acepté con mucho agrado y lo único que solicité fue un pizarrón y un marcador. El obispo se asombró por este pedido tan insignificante; el resto que necesitaba lo conseguí a través de mis contactos en el exterior y algo de material que yo tenía. El día de esta charla, el salón estaba lleno en su totalidad. Saludé muy respetuosamente a todos y me presenté. Acto seguido, en dos o tres segundos tracé las líneas de nuestro continente americano, hice las indicaciones correspondientes para enseñarles a ellos dónde comenzaba y terminaba nuestro continente, y remarqué muy claro que el error universal era creer que los Estados Unidos era América. No, señor, nuestra América nacía en Alaska y terminaba en el cabo de Hornos.

El continente estaba dividido en tres secciones; en el norte, Canadá, Estados Unidos y México; en el centro, más de diez diferentes países, y en el sur, otros tantos. Seguidamente les di la información que estaban esperando, los porcentajes de vida infantil, gracias a la documentación que yo tenía; en ese momento, pude demostrar con claridad que el único país que gozaba de buen puntaje en la mortalidad infantil era Cuba, el más bajo del mundo entero, muy por encima de muchos países desarrollados y con cuantiosos recursos. El resto tenía un alto índice en los porcentajes, aclaré que nuestros países eran países ricos pero con gente pobre; esto al principio ellos no podían entenderlo y me hicieron varias preguntas que yo no podía contestar muy fácilmente sin mezclar la política, hasta que miré al obispo y le pedí su autorización para hablar las cosas claras; él entendió y me dio carta blanca. De inmediato, yo comencé hablar de nuestras riquezas que son explotadas y robadas por las diferentes compañías foráneas, del abuso de poder, de casi la mayoría de nuestros gobiernos y de la falta de conciencia de clase de nuestros pueblos, gracias a la propaganda yanqui que ha sembrado el terror en millones de ciudadanos para no hacer los cambios necesarios. Hablé de otras cosas relacionadas con estos problemas y finalmente terminé hablando de la consecuencia de los distintos golpes de Estado en nuestro continente americano; la charla terminó y la audiencia reaccionó de manera muy favorable, y espontáneamente empezó a dar donaciones en dinero, el cual fue enviado a Chile a través de la Iglesia Católica.

Yo iba a cualquier lugar al que me invitaran y donde tuviera la oportunidad de hablar de nuestra causa, nunca hice ningún problema de llegar a alguna iglesia cuando ellos necesitaban información, habría sido un error negarse, ya que el Consejo Nacional de Iglesias de Nueva Zelanda era la organización que se había presentado voluntariamente para apoyar al Gobierno en sus planes de ayuda a los exiliados chilenos.

El hecho de presentarme en estos lugares dio paso a que muchos compatriotas míos hicieran comentarios totalmente equivocados: algunos decían que yo estaba convertido y que pertenecía a tal o cual religión. Qué estupidez más grande; sin comentarios.

Estábamos ya llegando al mes de septiembre de 1976 y, desde el canal de TV nacional, un periodista me invitó a que le ayudara a hacer un programa sobre el golpe de Estado de Chile, para presentarlo el día 11 del mes. Yo acepté de inmediato y preparamos algo simple, directo y real de los hechos ocurridos; cuando el programa de una hora comenzó en las pantallas televisoras de todo el país, este todavía no terminaba y el embajador y representante de la Junta reclamó al director del canal. Además de reclamar, hizo un desafío a un foro para defender lo que nunca pudieron justificar, la represión, el asesinato, el encarcelamiento y la tortura de un pueblo. El periodista responsable de este programa me llamó por teléfono y me puso al tanto de la situación. Yo acepté de inmediato, se fijó la fecha y la hora. Ahí fue cuando aparecieron los líderes de los partidos políticos chilenos en el exilio. Me pidieron una cita para conversar sobre el asunto, a lo cual yo no me negué en ningún momento.

Al juntarnos en la casa de un amigo, ellos expusieron de inmediato sus puntos de vista: no había autorización del Partido, y había que mantener la línea, no diálogo con la Junta.

Cuando yo escuché esto, pensé para mí mismo "Estos sí que están equivocados" y les dije:

—Compañeros, debo decirles que yo no acepto ninguna orden de vuestros partidos, ya que no soy miembro de ninguno de ellos y además, si nadie llega a este foro, el representante de la Junta está en plena libertad de decir lo que quiera sin que nadie demuestre lo contrario, y todo nuestro trabajo político se esfumará en un minuto. ¿Ustedes no se dan cuenta de la gran oportunidad que tenemos? Además, yo les pregunto a ustedes: ¿dónde han estado todo este tiempo?, el Comité ha existido ya por mucho tiempo y, hasta el momento, el único que está ahí soy yo. Vuelvan donde sus jefes y díganles a ellos que esto no es juego, ni una telenovela. Aquí hay que tener bien clara la película y hacer las cosas como corresponde y en el lugar en que sea necesario.

Ahí terminó la reunión, con el descontento de ellos.

Al día siguiente, volvieron a mí y me propusieron que un muchacho, miembro del Partido Comunista, me acompañara, ya que, según ellos, por el hecho de vivir con una joven de este país, había aprendido a hablar un buen inglés; este sí que fue un buen chiste, ya que después se apreció que lo único que decía en perfecto inglés era cómo comprar cerveza y solo usaba una docena de palabrotas que en cualquier idioma significarían lo mismo: vulgaridad.

Llegó el día de la entrevista, y yo ya tenía el plan. Como el adversario era un ex comandante del buque escuela y hablaba un buen inglés, yo sabía que él podía tomar alguna ventaja, por lo tanto comencé a ver la oportunidad de cómo sacarlo de sus casillas y ponerlo nervioso, para neutralizarlo y no dejarlo pensar en calma.

En la sala de maquillaje, el encargado de moderar el programa vino a mí, se presentó con mucha educación y me hizo saber el cuestionario de preguntas; yo le agradecí y le pregunté si también le mostraría a la otra persona. Él me respondió en forma negativa.

"Una buena señal", pensé yo, y acto seguido le pedí un favor.

—Señor, ¿podría usted comenzar a preguntarle a él? —dije.

—Ningún problema —me respondió—, ¿por qué?

Yo le contesté:

—Bien simple, así yo sabré por qué camino él irá y le saldré al encuentro en forma correcta.

Terminó el trabajo de maquillaje y me invitaron a pasar a una sala; estuve ahí por algunos minutos, cuando sorpresivamente apareció en el lugar un hombre muy bien vestido y con un porte de caballero. Habló con algunas personas y de inmediato se dirigió en línea directa hacia mí. Era el embajador chileno. Cuando llegó a mi lado, estiró su mano para saludarme, a lo cual yo le contesté en perfecto castellano con una andanada de palabrotas del mejor lenguaje de lo más bajo, y le dejé su mano estirada. La gente que estaba a nuestro alrededor no comprendía nada, pero sí adivinó que algo estaba pasando, ya que el hombre mostraba en su rostro una ira difícil de contener, se dio media vuelta y salió. Yo pensé: "Ya lo tengo".

Efectivamente, durante el debate, este pobre hombre no pudo coordinar su postura en defensa de la Junta y yo, con mi mejor inglés de ese momento, pude exponer claramente lo que quería decir; él, por el contrario, terminó hablando en contra del Gobierno de Nueva Zelanda, por el trato que les daba a sus aborígenes. Un gran error y pérdida total de la razón.

Otro triunfo de nuestra causa, pero esto sirvió para que algunas personas de la comunidad me criticaran y me acusaran de maleducado, por haberle faltado el respeto "al señor embajador chileno".

Cómo no iban a estar dolidos, si ellos iban cada fin de semana a la Embajada a tomar el té y a pedir revistas y periódicos. Verdaderos patriotas, que ignoraban y hacían caso omiso de que ese pequeño lugar, y con nuestra bandera, representaba la tiranía de Pinochet.

Durante ese año, sucedieron varias cosas y nosotros en el Comité tuvimos bastante trabajo. También sucedió lo esperado por mucho tiempo. Al Comité llegaron dos chilenos, miembros del Partido Comunista, pero en vez de fortalecer nuestra organización, esta sufrió un pequeño quiebre. Como yo nunca reconocí militancia, ni comunista ni socialista, estos compañeros trataron de desfigurar mi trabajo político y se produjo un leve distanciamiento entre mis compañeros "gringos" y yo. Una vez más se puso en evidencia la falla eterna de nuestros partidos. La línea vertical y ciega que solamente trae como resultado una división.

Sin embargo, a pesar de estos pequeños problemas, yo seguí en mi posición y fue así como, casi siempre, era yo el que asumía el frente en todas las entrevistas, ya que mis nuevos compañeros, pese a que ellos decían que tenían grandes estudios y que habían hecho grandes cursos, no veían una en el idioma inglés. Yo nunca presumí de saberlo todo ni nunca negué mi origen. No terminé la primaria y fui solamente cuatro años en toda mi vida al colegio. Esto se debió a que perdí a mi madre cuando todavía era un niño y era ella la única persona que sostenía la familia. De ahí en adelante, traté de aprender lo que más pude y prácticamente me eduqué yo solo. También aprendí en la "universidad de la vida", viajando y trabajando en diferentes lugares. Estuve en distintos niveles, altos y bajos, y siempre traté de sacar lo mejor de ellos. Entre los trabajos que hice y jamás olvidaré, está el haber viajado varios años por algunos países de Sudamérica con un circo alemán, donde aprendí ese idioma y desde ahí en adelante comenzaron a conocerme con el nombre de Johnny. Siempre me atrajo la idea de aprender otros idiomas y es así como, cuando llegué a Nueva Zelanda, no fue muy difícil aprender el idioma inglés. Claro que ahora yo tenía una obligación de aprender bien.

En todo este tiempo que llevo viviendo en este país, he estado en contacto radial con muchas emisoras del mundo, a través de la onda corta. Tengo una pequeña radio que compré y con la ayuda de las antenas, que yo mismo he hecho, puedo escuchar por ejemplo Radio Netherland de Holanda, Radio Moscú, Radio Habana Cuba, Radio Minería de Santiago de Chile, Radio Exterior de España y muchas otras más. Esto me ha servido para estar informado de la situación de mi país. Además, he sabido de grandes marchas que se han hecho en diferentes países, apoyando la solidaridad internacional a favor de Chile. También he sabido del boicot a través del mundo en contra de la Junta. Todo esto da más energías para seguir trabajando.

Cap. VIII

Comenzamos el año 1977 y la estructura de nuestro Comité seguía resquebrajándose. Lo que empezó muy bien y llegó a un nivel bastante sólido ahora tenía trizaduras que nunca deberían de haberse producido.

Yo estaba pensando seriamente en salir de esta ciudad. No estaba pensando que huía de algo o de alguien, simplemente comprendí que mi tarea aquí ya estaba casi terminada y buscaría otro lugar donde comenzar de nuevo.

Mi pequeña familia, o sea, mi esposa e hija, se habían acostumbrado a este nuevo ritmo de vida, pero no participaban mucho en mis actividades. Mi esposa me dio la noticia de que estaba encinta, y el clima acá en Wellington no es el mejor y le había dado muchos problemas a mi hija; al evaluar esta situación y sin pensarlo dos veces, decidí salir lo antes posible y viajar hacia el norte.

Fue así como, a mediados de 1977, nos fuimos a una ciudad llamada Auckland.

Allí encontramos a varias familias chilenas, que ya llevaban un par de años por estos lados, pero aquí no existía ningún Comité y nadie estaba haciendo ningún trabajo político. Eran personas algo simpáticas, pero sin ningún interés en la causa. Casi todos ellos me conocían por referencias y sabían de mis actividades. Esto trajo como consecuencia que algunos me aceptaran y otros no. Total, a mí no me importaba mucho.

Inmediatamente después de mi llegada, tomé contacto con el Partido Laborista y, a través de este, comencé mi trabajo político una vez más. Al mismo tiempo, me presenté a otra distribuidora de vinos y licores, con la cual fui contactado desde Wellington, donde me recibieron sin problemas y empecé a ganar el salario para el sustento de mi familia. Auckland era una ciudad un poco más cálida que el resto del país, pero tenía una humedad muy alta. Los habitantes eran diferentes y se veía un elevado porcentaje de gente de la Polinesia (Samoa, Tonga, etc.).

Al comenzar mis actividades en el Partido Laborista, fui muy bien recibido, empecé a subir algunos peldaños y llegué a ser nombrado vocal de mesa en la elección de 1978, primer chileno en ocupar ese cargo. Representé al Partido con satisfacción, pero siempre he seguido extrañando mi paso por el Comité de Wellington. Aquí en Auckland, conocí a varios políticos del país que simpatizaban con la causa chilena, pero eran diferentes a mis compañeros "gringos" de allá.

En diciembre de 1977, mi familia recibió a un nuevo miembro. Nació Juan Salvador Christopher, gran alegría y una gran esperanza de que el matrimonio se arreglara un poquito, ya que, en los últimos años, las cosas no anduvieron muy bien. Por otro lado, yo había cambiado de trabajo y ahora estaba en el transporte público, manejando unos hermosos y cómodos buses Mercedes Benz. Esto fue motivo para que algunos chilenos mostraran algo de envidia por mi trabajo, ya que todos ellos trabajaban en fábricas donde no tenían grandes responsabilidades.

El tiempo siguió su marcha y los meses se fueron sumando, unos tras otros. A principios de 1978, recibimos una visita de carácter familiar: mi suegra llegó hasta este país para conocer a su único nieto. La visita fue solamente por un mes y, durante él, mi esposa y ella conversaron casi día y noche. Yo traté de hacer su estadía lo más placentera posible, a pesar de que nosotros no teníamos grandes simpatías mutuas. Al término de este lapso de tiempo, llegó el momento de su regreso, y me correspondía ir a la oficina de la línea aérea a confirmar su vuelo de vuelta a Chile.

El representante de esta línea aérea era el cónsul chileno. Cuando llegué a esta oficina y el hombre me miró y me identificó, de inmediato me gritó:

—¡Y usted cómo se atreve a venir aquí!

—Un momento, mi amigo —le contesté firmemente—. Yo no he venido aquí a discutir ni pelear. Vengo a arreglar un boleto de avión para mi suegra, pero si usted no nos puede atender, me lo dice y ahí se acaba el problema.

Mi suegra miró de un lado a otro y no entendía nada.

Al siguiente minuto, el hombre la miró a ella y le solicitó el boleto y su pasaporte. Al ver su nombre, exclamó:

—¡Pero señora Graciela!, ¿dónde se había ido usted, si nosotros la hemos buscado por todas partes? Recibimos la noticia de su visita desde Santiago y teníamos encargo de atenderla lo mejor posible, pero desgraciadamente nos enviaron esta noticia después de que usted había llegado aquí.

Ellos conversaron por espacio de algunos minutos y él le preguntó por algunos amigos comunes que estaban allá en Chile.

Aclaro aquí que mi suegra era funcionaria de los Tribunales de Justicia en Santiago ya por más de 20 años, y era bastante conocida.

Yo permanecía en silencio, sin interrumpir para nada esta conversación.

De pronto, el señor cónsul preguntó:

—¿Y cómo es posible que este sujeto sea su yerno? —dijo refiriéndose a mí—. Si usted supiera la guerra que nos ha dado aquí en Nueva Zelanda durante los últimos años…

La pobre señora no sabía qué contestar.

Seguidamente, comenzaron a hablar de diferentes temas, hasta que él le manifestó que ya estaba cansado de su trabajo diplomático y pensaba radicarse en algún país, para comenzar a importar vino chileno.

Al escuchar esto, yo interrumpí la conversación y le dije:

—Ojalá que venda buen vino, porque yo recuerdo que allá en Wellington donde yo trabajaba, en una ocasión, llegó vino chileno y en una botella, dentro del líquido, encontramos dos moscas.

Él me miró y me respondió:

—Seguramente, eran moscas comunistas que estaban huyendo del país, como todos ustedes.

Yo tranquilamente le respondí:

—No creo eso, porque ellas tenían gorras de milico.

El hombre parpadeó y me dijo, en tono fuerte:

—¡Insolente!

Yo sonreí.

Una vez solucionado este pequeño incidente, todo se arregló. Mi suegra se fue y la vida tomó su curso normal.

Las actividades políticas aquí no eran tan seguidas como antes y yo comencé a pensar cómo encontrar la forma de reactivar esto. Recuerdo claramente aquellas actividades de los años anteriores, cuando tuve la oportunidad, por ejemplo, de alternar con embajadores de algunos países, incluso con el secretario general de las Naciones Unidas, cuando este realizó su visita a Wellington. Aquí en esta ciudad la vida era distinta; el único lugar donde fui varias veces para participar en alguna conferencia fue la Universidad de Auckland.

Durante ese año en 1978, tomé una decisión que me ha llenado de orgullo, hasta el día de hoy: me convertí en ciudadano neocelandés. Esto no significaba que yo renunciara a mi nacionalidad chilena, sino que ahora tendría mi documentación al día y desde ese momento sería ciudadano de ese país con un Gobierno democrático.

Es increíble cómo el tiempo avanza y nosotros a veces no nos damos cuenta de esto; estábamos ya a mitad de 1979 y eran casi cinco años que ya vivía en este país, tratando siempre de ir hacia delante, a veces con grandes problemas, pero siempre hacia delante. Mi vida familiar seguía con sus altos y sus bajos, el clima de este país no había sido el mejor para mi hija. Ella creció bien en estos últimos años, pero con algunos problemas; fue así como el doctor de la familia un día me recomendó salir de esta ciudad e irme a Australia. Él me dijo que había un lugar llamado Perth, en la parte oeste de este país, donde el clima era el indicado para mi hija; al escuchar esto, lo consulté con mi esposa y sin dudar mucho nos decidimos a irnos.

Yo no pensaba en mi futuro, que estaba construyendo aquí en Nueva Zelanda. Ya estaba bastante bien ubicado dentro del Partido Laborista y con grandes posibilidades. También en mi trabajo diario, manejando buses dentro del sistema de transporte, ya estaba en condiciones para aplicar para otro puesto, más alto y mejor pagado.

Pero todo esto no significó nada para mí en el momento de evaluar la salud de mi hija, y es así como, en junio de 1979, comencé a preparar mi viaje a Australia. Días antes de mi partida, recibí una llamada telefónica que me sorprendió bastante. Era el número uno del Partido Comunista de Chile en el exilio; la conversación la manejé con mucha brevedad y no tuve interés en aclarar detalles. Esta persona me llamaba para disculparse en nombre de todo el Partido, por las equivocaciones cometidas en contra de mi persona. Reconoció los errores y la falta de claridad en el terreno político. Además, me prometió una ayuda sin límites, en cualquier lugar al que yo fuera. Yo escuché todo lo que él me dijo y solamente agregué:

—Compañero, lo que usted me dice se lo agradezco en forma personal, pero en el terreno político, esto no tiene excusa. Porque ustedes actuaron muy equivocadamente y el único que ganaba con esto era nuestro enemigo común. Además, esto no es nada nuevo, ni para usted ni para mí. Lo único que yo le diría es que nunca es tarde para continuar la lucha, sea cual sea el lugar.

A la semana siguiente, ya estaba abordando la nave que me llevó a la ciudad de Sydney; allí tomé un bus con destino a Perth, al otro lado del continente australiano, a casi 5.000 kilómetros de distancia; hice una escala de dos días en Melbourne, para visitar a un compañero que había conocido allá en Lima; este era más joven que yo, inteligente y educado.

Cuando le conocí años antes, él tenía sus ideas bien claras de lo que significaba ser exiliado político. Ahora lo vi distinto. Seguía en su línea de izquierda, pero actuaba como un hombre de derecha. O sea, en otras palabras, no había renunciado a sus ideales, pero ahora estaba más preocupado por construir su futuro personal, y la lucha por Chile pasaba a segundo plano. Esto me hizo pensar en la falla a que estamos expuestos, al vivir en un sistema como este.

Pensé que yo también estaba en esa situación y deseé que ojalá nunca me ocurriera a mí. Años después, el tiempo diría su última palabra.

Después de viajar más de tres días, llegué a una hermosa ciudad con un clima excelente. Lo primero que hice fue dirigirme a la Oficina de Empleos. Ningún problema desde el principio, tenía un inglés bastante bueno, leía y escribía este idioma. Y por sobre todo esto, tenía el compromiso de juntarme con mi esposa y con mis hijos, dentro de las tres o cuatro semanas siguientes.

En la primera semana, perdí media docena de buenos trabajos por no tener transporte propio, pero a la semana siguiente encontré trabajo en una gran bodega distribuidora de diferentes cosas, algo así como una bodega de una compañía de transporte. Mi primer día trabajé en el interior del lugar, sin salir a ningún lado. Pero el segundo día, mi jefe me mandó a hacer un reparto a diferentes puntos de la ciudad. Durante el camino, recibí instrucciones, a través de la radio, de retirar algunas cosas en distintos lugares.

Cuando regresé a la base y entregué todo en orden, mi jefe me preguntó si había tenido algún problema. Yo le conteste que no mucho. Ahí le conté que solamente había llegado diez días antes y ahora tenía que conocer más esta ciudad. Muy sorprendido me preguntó que cómo lo había hecho.

Yo le dije:

—Usando mi cerebro y preguntando.

Esta experiencia me mostró que ya estaba casi listo como para moverme por cualquier lugar, gracias a Nueva Zelanda, que fue mi otra escuela de la vida.

Días después y gracias a la ayuda de mi jefe, tenía un vehículo para movilizarme, y fue así como pude ir a muchos lugares y a cualquier hora.

También tomé contacto con la comunidad latinoamericana. Ellos estaban todos reunidos en una asociación y había personas de diferentes países de nuestra Latinoamérica; al conocerles y tratarles, me di cuenta de que aquí no había ningún interés político por ningún país. Todos eran muy simpáticos y amables, pero estaban solamente interesados en sus vidas y en pasarlo bien. Tenían dos programas radiales a la semana en 6NR, una radio comunitaria.

Desde el principio, me interesé por participar en estos programas y fue así como muy pronto me vi al frente de ellos. Música y noticias, ningún comentario político, ni siquiera por travesura.

Ya faltaban algunos días para que mi familia llegara por acá y no tenía nada. Solamente había alquilado una casa bastante antigua, en un barrio muy popular. Había un par de camas y un refrigerador; yo pensaba que tenía que hacer algo y fue así como fui a una casa comercial, grande y de mucho prestigio. Me dirigí al Departamento de Créditos y pedí una solicitud para conseguir uno; el empleado, que me atendió de muy buena forma, me dijo que yo debía tener buenas referencias, de personas que me conocieran. Ahí le expliqué que estaba recién llegado al país y prácticamente nadie me conocía. Él me contestó que en esas circunstancias no era posible que me autorizaran algún crédito. De inmediato, yo le solicité que me llevara ante el jefe mayor de la tienda, o sea, el director de este establecimiento; cuando estuve en su presencia, le expliqué mi situación y la necesidad de adquirir varias cosas. Él me hizo algunas preguntas y se sorprendió al saber que yo era un chileno que venía de Nueva Zelanda. Hablamos de diferentes cosas y, al final, me dio una tarjeta firmada por él, donde me autorizaba para que yo sacara de los diferentes departamentos todo lo que necesitara, sin ningún límite de crédito. Esto me llenó de orgullo, al comprobar que esta persona confiaba en mí. Saqué lo necesario y, cuando volví con las cosas a su oficina para firmar la documentación del crédito, él notó que había una gran muñeca que se parecía a mi hija. Se rió cuando yo le dije que era para ella, y este detalle a él le agradó mucho.

Después de esta compra y cuando había pagado el total, volví varias veces, ya sea por un televisor, una radio o algún mueble para la casa.

Con el correr del tiempo, y en rueda de amigos, alguna vez yo conté esta experiencia y nunca nadie me creyó.

Todos siempre dijeron que era imposible conseguir un crédito sin tener buenas referencias. No insistí más en este tema y por un instante pensé que yo era diferente, pues no, yo no soy diferente. Solamente siempre he sido como soy.

Todo parecía perfecto, el clima era tan excelente que sanó a mi hija en un par de semanas, sin necesidad de ningún tratamiento médico. La vida en general resultaba tranquila, y la ciudad era muy limpia y hermosa.

Desde el comienzo de mi participación en el programa de radio, la gente me aceptó y les gustó mi forma de hablar y de presentar la música.

Fue aquí donde tuve la oportunidad de mostrar la música colombiana a través de casetes que mi gran amigo Carlitos Bulla Correa me había regalado años atrás, allá en Wellington. Recién estaba naciendo la salsa, ritmo que después dio la vuelta al mundo. La Asociación Latinoamericana de Western Australia, nombre completo con que se conocía a este grupo de personas de diferentes países, hacía distintas actividades, pero casi todas eran demasiado sencillas para mi gusto. Fue así como, en la siguiente reunión, expuse algunas ideas, las cuales fueron aceptadas, pero como siempre me dijeron, "Hágalas usted y nosotros le apoyamos". "Nada nuevo bajo el cielo". Inmediatamente, tomé contacto con otros países y fue así como conseguimos las primeras películas en español que se proyectaron en ese estado de Australia.

Comenzamos las actividades de fin de semana, donde teníamos cine y también disfrutábamos nuestras comidas típicas. La Asociación empezó a crecer y muchas otras personas se acercaron a inscribirse como socios. Hicimos varias fiestas bailables que fueron un éxito y yo, por mi parte, era miembro de un grupo de bailes folklóricos chilenos, con el cual hicimos muchas presentaciones en diferentes lugares; todo lucía muy bien, demasiado bien diría yo. Pero a mí aún me faltaba eso que todavía tenía dentro de mí, las actividades políticas y la lucha solidaria por mi Chile. Traté de hacer contacto dentro de la Universidad y en algunos sindicatos, pero aquí era todo muy diferente.

Ya había cumplido seis años desde la fecha en que salí de mi país y ahora, por primera vez, sentía el temor de quedarme en el camino. Lo único que me mantenía en la línea era mi radio de onda corta, con la cual me informaba del resto del mundo. Perth era una ciudad maravillosa por diferentes razones, pero alejada del mundo en general, era una vida muy, pero muy tranquila.

Para eliminar la angustia que a veces sentía dentro de mí, me dediqué más y más a la Asociación; de este modo, en las siguientes elecciones, fui nombrado presidente de esta. También comencé a bailar en un grupo mexicano. Bueno, en realidad, la única mexicana era nuestra profesora. Ella nos enseñó los diferentes bailes de este país, y nosotros (chilenos, argentinos, y hasta un muchacho inglés) aprendíamos rápidamente. Nos presentamos en distintos lugares comunitarios y asimismo tuvimos la oportunidad de ir a otras ciudades, alrededor de Perth. Hacíamos una presentación de 30 minutos sin parar y al público le encantaba, y participamos en varios festivales y competencias comunitarias, donde siempre estábamos entre los tres primeros lugares. Un día, recibimos la invitación del canal 9 de TV, para hacer una presentación delante de las cámaras. Ellos ya nos habían visto en otros lugares y sabían lo que hacíamos. A nuestra profesora le dio miedo y declinó la invitación, dijo que todavía nosotros no estábamos suficientemente preparados para esto; esa actitud me causó mucho malestar y, a los pocos días, presenté mi renuncia. Consideré que yo no debería estar en algo en lo que no se lucha por un futuro. Después de todo esto, el grupo no duró mucho.

Fue así como me dediqué a otra actividad dentro de mi Asociación. El fútbol siempre fue mi pasión deportiva y, desde que tengo uso de razón, siempre he llevado a Colo Colo dentro de mi corazón.

Por esos días, llegó a esta ciudad un ex jugador del Chelsea de Inglaterra. Este venía a dictar un curso de entrenador, o sea, director técnico, en el cual yo me inscribí. Después de tres semanas, yo tenía mi credencial de monitor y podía dirigir algún equipo. Fue así como comencé a dirigir un equipo de fútbol que me dio muchas satisfacciones y triunfos por varios años seguidos.

Pero esto no es lo que yo deseaba, mi trabajo político estaba reducido a nada. En una oportunidad y con el contacto de un sindicato, casi se hizo realidad mi regreso a Chile, integrando una comisión que se proponía ir a mi país por un mes, a estudiar y ver la vida sindical bajo la dictadura. Yo sabía el riesgo que esto significaba para mí, pero había aceptado el papel de intérprete sin ningún temor.

Sin embargo, este viaje no pudo ser efectivo. Los años siguieron sumándose, y yo continuaba trabajando dentro de la Asociación. En una oportunidad, hice un 18 de septiembre totalmente típico, que causó la admiración de todos; las mujeres vestidas con trajes tradicionales y nosotros con diferentes trajes de huaso, el hombre del campo de nuestro Chile. Otro gran éxito... En todas estas actividades, siempre encontraba el apoyo de Luis, un chileno que al que siempre le gustó lo que yo hacía y que también disfrutaba bastante de esas ideas que venían a mí y que desarrollaba casi siempre.

Esto para mí no era muy difícil, ya que todavía me acordaba de lo que había aprendido en mis años de circo: sonido, iluminación, presentación, etcétera, etcétera.

Mi trabajo en los programas radiales continuaba en línea ascendente y adquirí una gran popularidad dentro de la comunidad; esto trajo lo inevitable, como suele suceder, la envidia y comentarios de mal gusto. A todo esto no le di mucha importancia y, como lo he hecho en toda mi vida, seguí adelante pensando que siempre he hecho las cosas abiertamente y sin pisotear a nadie, solamente a base de esfuerzo y capacidad.

Mis hijos parecía ser que estaban creciendo bien, o eso era lo que creía; años después, tendría las experiencias más amargas que pueda tener un padre. Mi esposa seguía como siempre en su posición de juez, fría y casi sin reacciones; esto se acentuó con la segunda visita de su madre, en el verano de 1983: de ahí para delante, nuestro matrimonio ya no tendría vuelta. A pesar de todo, yo seguía luchando y con la esperanza de que todo se arreglaría algún día. Pero el vivir en un país como este a la mujer le da una independencia que a veces es fatal. El sistema económico hace que muchas de ellas se sientan más fuertes que nunca y confundan las responsabilidades dentro del matrimonio; el caso mío no era el único. Este fenómeno se repitió en varias parejas, las consecuencias fueron negativas y casi siempre se terminó en una separación; yo nunca he dicho que los hombres fueran las víctimas, también puedo decir que, en muchos casos, los hombres fueron los que fallaron de una manera u otra.

Este ha sido el precio que hemos pagado al vivir lejos de nuestras raíces.

Durante el siguiente año (1984), la situación no cambió para nada y mi vida siguió igual. Buen trabajo y bien pagado, un montón de amigos, buen clima, hermosas playas para disfrutar y un montón de actividades en la Asociación; pero siempre tratando de saber qué pasaba allá en Chile. Supe del trabajo que realizaba la Asociación de Familiares de Presos Políticos Desaparecidos. Ellos se ganaron mi admiración y respeto desde el principio, y pensé que eran realmente la única y verdadera voz de la resistencia del pueblo chileno; nosotros, todos sin excepción, los que estábamos afuera, solamente éramos parte de una comparsa. Esto me hizo pensar una vez más lo equivocados que a veces somos los seres humanos. También pensaba en la diferencia que existía entre nosotros que estábamos en el "exilio" y ellos que estaban allá adentro, "donde las papas queman". Una gran cantidad de exiliados viajamos a países capitalistas, donde pudimos trabajar o estudiar, según fuera el caso, y vivir una vida bastante cómoda, con abundante comida y con la libertad de ir donde nosotros quisiéramos. Ellos, allá en Chile, sufriendo la represión militar de distintas formas, como la cesantía laboral y la reducción de los sueldos, según el nuevo plan económico de la Junta. Había una gran diferencia entre ellos y nosotros, todo esto me hacía sentirme mal y afectaba mi sistema nervioso. ¡¡Pero había que echarle para delante!!

Ya a comienzos de 1985, me di cuenta de que aquí la situación mía no daba para más, y fue así como decidí huir otra vez más y empezar de nuevo en otro lugar.

Cap. IX

Alrededor del mes de septiembre de 1985, dejé la ciudad de Perth después de haber vivido cinco años ahí; llevé en mi coche solamente mi ropa, algunos libros, fotos y documentos personales, y naturalmente mi radio de onda corta. Esta ha sido mi verdadera compañera en todos estos años y lo será quizá por el resto de mi vida, porque en estos días en que escribo este libro, muchos años después, todavía la conservo y siempre ha ocupado un lugar especial en mi equipaje, por dondequiera que yo haya tenido que ir.

Había viajado algo así como 200 kilómetros e iba pensando en mi futuro; iría hasta Sydney, lugar que, creo yo, sería diferente y podría hacer algo. Me detuve en una estación de servicio para reabastecerme de gasolina, revisar el coche y asegurarme de que tenía agua para beber, porque después de esta parada y ya saliendo de este pueblo, comenzaba el principio de la ruta que me llevaría a atravesar el desierto de Nullarbor. Esta pasada había que hacerla de noche, porque el calor era muy intenso.

También había que tener mucho cuidado, ya que era muy común y sucedía casi siempre que en medio del camino se cruzaran manadas de canguros salvajes, que a veces atacaban a los vehículos.

Estaba terminando de revisar los últimos detalles, cuando una muchacha joven y de apariencia europea se acercó a mí y me preguntó si podía llevarla en mi coche; ella iba en la misma dirección y necesitaba llegar a Adelaide. Yo le contesté que no había ningún problema y pensé que sería una buena compañía para mí, ya que hacía varias horas que no conversaba con nadie y cruzar el desierto por siete u ocho horas solo no habría sido muy agradable.

Iniciamos el viaje y al principio conversamos cosas triviales. Ella me dijo que era alemana, que andaba dando la vuelta al mundo y que ya iba de regreso a casa, después de haber visitado distintos países; yo le dije que era chileno y le conté de mis trabajos y experiencias. Desde el principio se produjo una simpatía mutua, pero muy sana y respetuosa. Aproveché la oportunidad de reanudar mis conocimientos del idioma alemán, el cual no recuerdo muy bien por la falta de práctica en más de 20 años. Por el contrario, hablamos algo en polaco, idioma que había aprendido en mis años en Perth, con unos amigos recién llegados de Polonia y que no hablaban inglés.

Llevábamos viajando varias horas ya, y la conversación iba de un punto a otro, a veces en alemán, a veces en inglés, pero también en español. Ella había aprendido nuestro idioma en algunos países de Latinoamérica; hablando con más detalles de estos lugares, ella me contó que había estado en el área del Altiplano y me nombró algunos sitios; yo le dije que también había tenido oportunidad de estar por ahí, muchos años atrás. En medio de la conversación, ella me comentó que había estado en una aldea en el lado chileno, y este pueblito se llamaba Putre. Al escuchar el nombre, inmediatamente recordé a un amigo de mi infancia con quien crecí y que, años después, se fue con sus padres al norte de Chile, a la ciudad de Arica, donde estudió y se recibió como instructor de telares; luego de su graduación, él viajó por casi toda la zona del Altiplano y se radicó en Putre. Yo le conté esto a la joven y le di el nombre de mi amigo; ahora fue ella la que me demostró algo de sorpresa, que en ese momento no supe interpretar. En medio del camino, nos detuvimos un instante para estirar las piernas y hacer algo de ejercicio. Yo revisé el vehículo para comprobar que todo estaba bien, y ella comenzó a revisar su pequeño equipaje. De repente, me sorprendió al mostrarme una foto y decirme:

—¿Es este tu amigo?

Yo me quedé helado, al ver que tenía enfrente de mí a mi amigo de la infancia, en una foto, en medio del desierto y en una noche cubierta por un manto de estrellas, a miles y miles de kilómetros de distancia de nuestro lugar de origen y por intermedio de una persona que recién había conocido y que era del otro lado del mundo. Una vez más, comprendí que nuestro destino ya estaba escrito y se iba desarrollando día a día.

Nuestro viaje se llevó a cabo sin problemas y ya al otro día estábamos llegando a la ciudad de Adelaide, donde mi compañera se quedaría por algún tiempo. De ahí seguí hacia delante, pero no por la ruta original que yo había pensado.

Ahora tendría que pasar por la ciudad de Melbourne en viaje a Sydney. Yo pensaba que esto sería cosa máxima de un día; pero qué equivocado estaba, nunca me imaginé que estaría 15 años en Melbourne.

Todo esto sucedía a principios del mes de octubre; arribé a esta ciudad un día domingo en la tarde, tenía un número de teléfono de alguien que no conocía. Esta persona era una joven mujer que estaba interesada en el problema de Chile. Pensé no usarlo, pero segundos después me decidí a llamar y a tratar de saber algo; sería interesante saber qué clase de gentes vivían en esta ciudad. Al llamar, me contestaron y, luego de un instante, me dieron una dirección y me invitaron a que fuera enseguida; llegué a una casa antigua, ubicada en un barrio popular, donde me recibieron tres personas, todas australianas, y me preguntaron la razón de mi viaje. En pocas palabras les conté algo de mi trayectoria y de la idea de seguir el viaje a

Sydney; ellas me insistieron en que por lo menos esa noche me quedara en su casa para descansar y que al día siguiente, si yo lo deseaba, me presentarían a algunos miembros de la comunidad chilena.

Yo acepté la invitación y continuamos conversando por algunas horas; ahí me di cuenta de que sí había actividad política en esta ciudad, a través de una oficina solidaria con Latinoamérica. Esta oficina o centro era dirigido por australianos de izquierda; esto no me sorprendió mucho y pensé que la historia se repetía una vez más. Al día siguiente, tuve la oportunidad de conocer a un chileno que, al escuchar mi nombre, dijo conocerme desde Lima, pero no en forma personal. Este se interesó bastante por ayudarme y me propuso que me quedara en la ciudad. De inmediato, llamó a otros chilenos que llegaron durante la mañana; al conocer a este grupo, pensé que las cosas por aquí caminaban bien y nació en mí otra vez la inquietud de mantenerme dentro de la solidaridad con Chile. Algunas de estas personas habían sabido en alguna oportunidad de mi trabajo en Nueva Zelanda. Me ubiqué en la casa de uno de ellos y de inmediato me dediqué a conseguir algún trabajo.

Esto a algunos les pareció muy raro, ya que todos ellos vivían de la seguridad social; yo pensé, y siempre lo he sostenido, que un hombre de izquierda tiene que ganarse su sustento con cualquier trabajo, ya que eso mantiene nuestros principios en alto. Con el correr del tiempo, conocí aquí a algunos que eran especialistas en cobrar compensaciones y además eran expertos en aconsejar a otros sobre cómo lo podrían hacer.

Con el pasar de los días, tuve la oportunidad de conocer la ciudad y también a otras personas. Melbourne era una ciudad bastante grande y con más movimiento, comparada con los lugares donde yo estuve viviendo anteriormente; la comunidad latinoamericana era bastante variada, uruguayos, argentinos, algunos peruanos y colombianos, pero la comunidad chilena era la más numerosa. Casi todos habían llegado después del golpe de Estado en 1973, aunque vivían al margen de cualquier actividad política. El Partido Comunista y el Partido Socialista de Chile estaban constituidos en el "exilio".

Era un fin de semana y yo fui a un lugar de la ciudad donde se celebraba la Fiesta de la Hispanidad; esta era una festividad tradicional que cada año se llevaba a cabo en un barrio, donde se cerraban las calles del tráfico vehicular y que atraía a miles de personas de diferentes países. Iba yo caminando, cuando de pronto alguien me llamó.

—¡Hola, Johnny!

Sentí gran sorpresa y alegría al ver quién me saludaba. Era Karen, ex directora de la radio 6NR de Perth, a quien había conocido varios años atrás, antes de que ella abandonara ese lugar y viniera a vivir a esta ciudad.

—¡Hola, Karen! —le dije.

—¿Y qué estás haciendo por aquí? —me preguntó ella.

—Llegué hace un par de semanas y parece que me estoy quedando en esta ciudad —respondí.

—¿Vas a hacer radio por aquí? —indagó ella.

—No sé todavía, no conozco mucho el ambiente —repuse yo.

Acto seguido, Karen me dio una dirección y el nombre del coordinador de los programas en español SBS (Special Broadcasting Service); esta es una radio del Gobierno, que daba algunas horas de transmisión a las diferentes comunidades étnicas. Aquí cada uno de estos grupos podía transmitir en su propio idioma; todos quienes los integraban recibían algún dinero por su trabajo. También ella me dio la dirección de otra radio (3CR) donde no había ningún pago, ya que era una radio totalmente comunitaria.

Nos despedimos con un gran abrazo y un beso, no sin antes hablar y recordar aquellos tiempos en que nos conocimos allá en la ciudad de Perth.

Ese día disfruté mucho del ambiente, los bailes, la comida, la música y varias presentaciones en el escenario de diferentes grupos de la comunidad.

Algunos años después, yo también estaría allí, en el escenario de la Fiesta de la Hispanidad, como presentador de esa gran celebración.

Los días seguían transcurriendo y ya estaba trabajando en una fábrica textil, como planchador; este oficio lo aprendí en Chile cuando yo todavía era un niño y ahora lo hacía de nuevo, en otro país y muchos años después.

Entretanto, mis nuevos compañeros me dieron una sorpresa. ¿¿¿Agradable??? No sé. El hecho es que ellos, a través de nuestras conversaciones, se enteraron dónde estaba mi familia y tomaron contacto con mi esposa. Ella, al saber de mí, me envió un mensaje para que yo fuera por ellos. Lo pensé bastante y, al final, me decidí a ir, solamente por el cariño que le tenía a mi hijo. Pensé que había que darse otra oportunidad y tratar de comenzar de nuevo.

A la semana siguiente, hice el viaje de ida y vuelta. Atravesar el desierto dos veces y recorrer 12.000 kilómetros no es fácil para cualquiera, pero yo lo tomé como algo tan natural que había que hacerlo.

Algunas semanas después, tomé contacto con el coordinador del programa en español en la 3EA (SBS). Este me recibió muy serio, me preguntó por mi experiencia y qué sabía hacer. Yo le contesté sin rodeos que, en radio, podía hacer cualquier clase de programa; al final de la entrevista, me dijo que me llamaría pronto. El llamado nunca llegó. Muy por el contrario, este compadre se declaró enemigo mío, cuando yo comencé en mis programas en la radio 3CR, a la cual fui y donde me recibieron después de una conversación de cinco minutos. Aquí en esta radio había también otros programas en español, ya por muchos años. Yo comencé a hacer lo que sabía y parece que a la gente le empezó a gustar; desde ahí en adelante nació una competencia que podría haber sido sana, desde el punto de vista de superar la calidad de lo que ya existía, pero, por el contrario, esto se transformó en algo así como una guerra, se crearon historias y comentarios acerca de mi persona. A mí esto me daba risa, pero a veces me enojaba al ver tanta ignorancia; todo esto lo vi y entendí que había una razón.

Antes de mi llegada, los integrantes de la 3EA, con su coordinador a la cabeza, fueron los intocables y consentidos de la comunidad; los otros de la 3CR también se sentían profesionales del micrófono. Yo, al comenzar mis programas, rompía esa monotonía y la comunidad empezaba a disfrutar algo diferente; todo esto sucedió en línea ascendente hasta el 25 de marzo de 1988, fecha en que nació "La Voz de Hispanoamérica".

Esta fue la primera radio étnica en Australia; después de varios años y muchas conversaciones en Canberra, en el Departamento de Comunicaciones, me otorgaron la primera licencia que ellos daban a alguien que no fuera australiano, para instalar una radio emisora. Ahí se produjo el jaque mate a los reyes de la 3EA y a los príncipes de la 3CR; tal vez, más adelante comience a escribir un libro sobre la verdadera historia de la radio en español aquí en Australia, "La Voz de Hispanoamérica". Esta radio nació antes que los italianos y griegos, comunidades muy numerosas y fuertes económicamente. Para todos fue una gran sorpresa y sirvió para que otras comunidades también pudieran salir con un medio de difusión propio. De hecho, otra radio en español, en la ciudad de Sydney, nació en 1992, cuatro años después que nosotros. Total, esa fue la verdadera historia y nadie podía decir lo contrario ni cambiar los hechos.

Ya estaba bastante acostumbrado en esta ciudad y había participado en algunas reuniones políticas, pero pensaba que mis nuevos compañeros eran diferentes. Desde Chile nos llegaban noticias de la creación del MDP (Movimiento

Democrático Popular), y aquí en Melbourne organizamos un grupo de apoyo de esta colectividad. Paralelamente a estas actividades y además de mi trabajo en la radio, yo participaba en un grupo de música andina, a cargo de la percusión, y como era el único del grupo que hablaba bien el inglés, era la persona que presentaba al grupo en todas nuestras actividades para la comunidad australiana. A través de mis contactos que todavía mantenía con algunas personas en Perth, logré arreglar un viaje con el grupo musical andino a esa ciudad. Fuimos invitados por el Ministerio de Educación y Arte, nos enviaron los pasajes de ida y vuelta en avión y nos recibieron "con bombos y platillos". Nos instalaron en un céntrico motel, no dieron 500 dólares en efectivo para nuestros gastos menores y tendríamos que hacer más o menos 12 conciertos en una semana. Todo esto ocurrió con la coordinación de la Federación Sindical. También al llegar, nos tuvieron una agenda completa para toda la semana, donde tendríamos diferentes conferencias y entrevistas en distintas radios de la ciudad.

Los integrantes del grupo nunca me creyeron esta invitación y ahora estábamos aquí, en esta ciudad; todavía no lo creían. Yo, por mi parte, me sentía feliz de volver dos años después, y con un grupo musical que representaba algo de nuestra resistencia en el exilio.

La alegría me duró solamente una jornada, ya que al segundo día de nuestra llegada, un miembro del grupo entró a mi habitación y, mientras yo me duchaba, me robó todo el efectivo que tenía, vale decir mis 500 dólares que me habían dado el día anterior, más otros dólares que yo traía; solamente me dejó algunas monedas. Al darme cuenta de esto, reuní al grupo y le hablé claramente. Todos ellos negaron haberlo hecho y un par de ellos reaccionaron algo violentos contra mí. En ese momento, tuve que tomar una decisión que debía ser la correcta.

Decidí no llamar a la Policía y tratar que las cosas siguieran su curso, ya que si no hacía esto, las consecuencias serían catastróficas para todos, especialmente para el ministro. Yo traté de evitar un escándalo que terminaría con nuestra gira artística y con todos los conciertos programados. Era día martes y teníamos que estar hasta el domingo, día de nuestro regreso; el último concierto sería el sábado por la noche.

Cuando todo esto ocurrió, un miembro del grupo me dio 20 dólares, los cuales me sirvieron para tomar una taza de café en la mañana y otra en la noche; yo no quise hablar con nuestro coordinador y hacerle saber a él la situación que se había presentado. "Total, así es la vida", pensé yo. Mis compañeros del grupo disfrutaron cada día y, después de cada actuación, ellos salieron a conocer la ciudad y a comer espléndidamente. Yo volvía a mi habitación en el motel y trataba de mantenerme con calma. La semana llegó a su fin, hicimos todos los conciertos y casi nadie notó nada de la verdadera situación.

Volví a Melbourne y de inmediato llamé al grupo a una reunión. Nos juntamos el lunes por la tarde; al principio nadie decía nada, aunque como yo era el afectado, comencé a hablar. Les dije que no sabía con claridad cuál de ellos había sido el ladrón, pero yo tenía mis ideas, al fijarme en las compras que habían hecho. Les dije también que, como hombres de izquierda, habían fallado al no prestarme apoyo económico para subsistir durante esa semana, y que por eso yo los calificaba a todos iguales.

Traté de usar las palabras correctas, pero no pude evitar algunas de rojo calibre. A ellos no les gustó mucho mi lenguaje, pero tuvieron que aceptar lo que yo les dije. Renuncié al grupo y esto lo tomé como una muestra más de la basura que salió de Chile, amparándose en un golpe de Estado. Pensé y analicé una vez más la posición de aquellos chilenos que se mantuvieron al margen de todo, desde el principio. Creí entender esto y me hizo pensar que quizá yo también algún día deje de luchar y pase a una vida política inactiva; esto me dio rabia conmigo mismo y me prometí tener más cuidado.

El trabajo en el grupo de apoyo MDP siguió adelante y en una reunión se planteó cómo reactivar la solidaridad con Chile, dentro de los australianos, ya que esta había decaído bastante en el último año. Alguien propuso hacer una peña; esto era una reunión artística donde se invitaba a todo aquel que quisiera participar. Otro dijo: "Hagamos una rifa". En fin, todos estábamos de acuerdo en hacer algo. Yo pedí la palabra y propuse traer a Australia a uno de los grupos más populares de la resistencia en el exilio, Quilapayún o Inti Illimani. Al escuchar esto, me miraron con asombro y me preguntaron si yo hablaba en serio. Todos estaban sorprendidos. Les respondí con breves palabras y les hice saber que, dentro de las ambiciones del trabajo político, no hay límites. Ellos insistieron en que este proyecto era muy grande y nosotros no éramos nadie.

Yo le contesté al compañero que dijo esto último que no se equivocara, que nosotros éramos un grupo político en el exilio y no perderíamos nada al intentar hacer algo así. Al final, aceptaron mi idea y acordamos hacer los contactos con esos grupos musicales; de esta tarea quedó encargado alguien que dijo saber cómo hacerlo.

Pasaron más de cinco o seis semanas y nadie decía nada al respecto, en cada reunión trataban de evitar el tema. Hasta que un día, en una reunión, insistí en ese punto y al final sacaron la conclusión de que el compañero que había quedado encargado de hacer los contactos no tenía ni siquiera el número de teléfono de su propia madre. Casi dos meses perdidos por la falta de responsabilidad de alguien... Era eso lo que siempre me molestó, cuando alguien no tenía capacidad para hacer nada y quería figurar de algún modo. En los años de exilio y en casi todos los lugares donde viví, siempre vi a "compañeros" así.

Finalmente, quedé yo a cargo de hacer contacto con el grupo Inti Illimani; en menos de 24 horas, conversé con algunos de ellos que vivían en Italia y enseguida hablé con el representante, que vivía en Alemania. En la siguiente reunión, informé de todo esto y comenzamos a trabajar, para fijar las fechas y el costo de traer el grupo a Australia, además de organizar los conciertos en las otras ciudades. Desde el principio, encontré una oposición cerrada de un "compañero", militante del Partido Comunista. Este trataba, de todas las formas y ocasiones, de bloquear mi trabajo en este proyecto. Yo seguí adelante y fue así como organicé el viaje del grupo y las actuaciones en las otras ciudades. Esto pareció que le afectó la psiquis a este hombre, ya que en una reunión y sin motivo alguno, me lanzó un cenicero de vidrio que hizo una herida en mi frente. En ese momento, yo me controlé y no hice nada, pero exigí otra reunión para el día siguiente. Nos encontramos nuevamente y ahora el grupo estaba completo, con aquellos compañeros que no habían asistido el día anterior. Yo expuse la situación y ¡¡gran sorpresa!!, ellos dijeron que nunca se produjo ninguna agresión a mi persona y que yo, tal vez, me había caído por haber bebido mucho y me había herido yo mismo.

Al escuchar todo esto, fue tanta mi indignación y rabia, que tomé una silla que estaba cerca de mí. De un solo golpe la rompí en pedazos y la usé como arma, con la cual les destrocé el escritorio y otras cosas, y los hice huir como ratones. Los pocos que se habían quedado en una esquina del salón trataron de calmarme. Yo les grité que estaban actuando igual que los verdugos de la DINA allá en Chile. Hacían las cosas y después negaban todo.

¿¿¿Eran estos verdaderos hombres de izquierda??? El grupo de apoyo se desintegró y la persona que había prestado el dinero para traer al grupo musical insistió en seguir adelante. Yo me retiré inmediatamente.

Semanas después, en una calle cualquiera, me crucé con el autor de la agresión. En un segundo, me acerqué a él y le di la primera paliza, delante de un numeroso público. Cuando lo dejé libre y ya me retiraba, este comenzó a insultarme y enseguida le di la segunda dosis. La gente no entendía nada, ya que el *show* era en español. Antes de irme le dije que, si reclamaba a la Policía, esto sería el final para él. Él nunca reclamó.

Después de estas amargas y negativas experiencias, decidí cambiar mi rumbo. No por miedo de nadie, sino porque ya estaba un poco cansado de encontrarme en tantas partes, y con gente tan equivocada. Fue ahí cuando pensé que tal vez el equivocado era yo. Eran ya casi 20 años de ir de un lugar a otro, tratando de estar siempre en el lado de la solidaridad, ¿pero para qué?

Fue así como me dediqué enteramente a mi trabajo; en ese tiempo, había conseguido un empleo en el transporte. Era chofer de tranvías. En esta ciudad, el orgullo de sus ciudadanos era la red de tranvías, aquellos carros que circulaban por medio de energía eléctrica. Recordé los tiempos viejos de mi niñez, cuando yo viajaba de la mano de mi mamá o de mis hermanas mayores, en la línea 33 que iba por la Avenida Matta o la línea 36 en la calle San Diego. En la calle donde yo nací, junto con mi hermano mellizo corría el carro de la línea 7, era la calle Lord Cochranes. Todo esto era parte de mi Santiago querido. Ahora yo, y en un país tan lejano y en esta ciudad de Melbourne, cada mañana y de madrugada, salía del depósito a cargo de uno de estos carros. Estuve manejando tranvías por siete años.

Paralelo a mi trabajo, hacía mis programas de radio, ahora en 3RPP, Radio Port Philip. A esta radio llegué gracias a la invitación de su director, Fred Harrison, quien escuchaba los programas que hacía en 3CR y le gustaban mucho. A él le agradó mi forma de presentar, yo lo hacía en español y en inglés, de una manera tan simple que todos les agradaba escuchar. Iba avanzando y haciéndome muy popular dentro de la comunidad. También presenté muchos espectáculos artísticos y casi todos los artistas que vinieron a esta ciudad, desde Sudamérica, fueron presentados por mí. Además, era maestro de ceremonias en los diferentes casamientos que se efectuaban por acá, dentro y fuera de nuestra comunidad latina. A veces, cobraba muy buen dinero, otras veces lo hice casi por nada, solamente para ayudar a aquellos que querían que su matrimonio fuera presentado por Johnny Núñez.

En todos estos años, gané popularidad pero también terminó mi vida familiar.

Primero, mi hija ya hacía bastante tiempo que vivía en forma independiente. Gracias al sistema legal de este país, una hija o un hijo, cuando cumplen 16 años, son considerados como un adulto y ellos tienen todo el derecho de elegir dónde y con quién vivir. Nosotros los padres no tenemos nada que decir, y debemos aceptar las cosas tal como se presentan.

Segundo, mi esposa también abandonó el hogar. Un día cualquiera y cuando llegué de mi trabajo, después de haber hecho el turno de la mañana, no encontré nada ni a nadie. Ella había hecho la mudanza, ayudada por sus amigas de esos momentos, que a la postre la abandonaron muy luego. Se llevó todo, incluso mis objetos personales, como documentación, mis álbumes de fotos de casi toda la trayectoria de mi vida y otras cosas más.

Yo no hice nada al respecto y me quedé quieto.

Tercero, mi hijo que todavía llegaba a la casa a veces, también un día decidió largarse. Esto sí que me dolió y fueron muchos los años que necesité para reponerme de este golpe.

Durante todo ese tiempo, las noticias llegaban desde Chile, diciendo que la situación podría cambiar de un momento a otro. Hasta que se produjo lo que casi todos esperábamos. El período dictatorial de Pinochet terminó; después de largos 17 años, este dictador tuvo que abandonar el poder. Pero yo pensé que la máquina represiva todavía quedaba montada y la derecha económica, ayudada por los imperialistas, continuaría ejerciendo su poder. Yo creía que se necesitarían varios años y diferentes gobiernos para sanear en algo lo que destruyó el tirano. Por ejemplo, los desaparecidos en Chile fueron miles, y eso hasta el día de hoy no se ha aclarado en forma total. Creo que el problema de los exiliados es tema ya resuelto. Muchos de los que salieron volvieron de vacaciones casi al segundo, años después del golpe. Otros con más "patas" se acogieron al plan de retorno que patrocinó el primer Gobierno democrático después de la caída del dictador.

Y otros como yo nunca volvimos por diferentes circunstancias.

Cap. X

Habían pasado ya algunos años y yo todavía vivía solo. Me había prometido a mí mismo no casarme nunca más. Cambié de trabajo varias veces y en línea general no me ha ido nada mal. En algunas ocasiones, mi ex tomó contacto conmigo, para pedir ayuda económica. Yo se la di y nada más. Mi hija se casó y yo ni siquiera fui notificado, menos invitado.

Mi hijo ha crecido y ha decidido hacer su vida a su manera, lo cual a mí me ha dado mucho dolor y angustia, ya que no es nada agradable como él lo ha determinado.

Mi salud comenzó a resentirse y, por primera vez en mi vida, entré a un hospital para una cirugía. Me operaron de una hernia inguinal y, al año siguiente, volvieron a operarme para sacarme piedras de la vesícula. Los años me estaban pasando la cuenta y, poco tiempo después, mi doctor me diagnosticó principio de osteoporosis. Él me dijo que el clima de esta ciudad no era el mejor para mí y me recomendó que me marchara a Queensland, donde había más sol y no hacía tanto frío. Yo pensé algo sobre esto y al final decidí que había llegado otra vez el momento de salir a otro lugar. Total, la vida es un canastillo de sorpresas y hay que tomar decisiones, en el momento en que todavía lo podemos hacer.

Era el último día de febrero del 2001 y comencé mi viaje con rumbo a Queensland. Iba en mi camioneta y solamente cargué mi cama, un televisor, mi radio de onda corta, libros, ropa y casi nada más, el resto lo regalé o lo vendí antes de salir y corté mis cadenas una vez más, para tratar de encontrar mi destino. 27 años atrás, comencé a andar este camino y este día de febrero nuevamente estaba en él; no sabía dónde iba, solamente iba hacia delante. Las primeras horas fueron bastante amargas, y algunas lágrimas rodaron por mis mejillas. Estuve manejando por cinco o seis horas y me detuve para descansar un momento. Casi en forma automática, encendí mi radio de onda corta y, mirando el aparato, pensé que este ha sido mi gran compañía ya por muchos años. Y recordé aquellos días, allá en Nueva Zelanda, cuando sintonizaba Radio Moscú para recibir el programa "Escucha Chile". Ahora, en viaje hacia no sabía dónde, busqué nuevamente esa compañía que nunca me había fallado.

Por fin y después de casi 12 horas de viaje, llegué a una gran ciudad llamada Sydney. Pensé visitar a alguien por algunas horas y después continuar el viaje. Cuando ubiqué la dirección de esta persona o mejor dicho, el lugar donde esta trabajaba, me dijeron que ya no se encontraba aquí y que volvería mañana a las 8 de la mañana. Yo decidí seguir viaje de inmediato, pensando que algún día podría volver por acá, pero después reaccioné y resolví dormir en esta ciudad, ya que era casi de noche, y continuar mi viaje al día siguiente antes del mediodía. Eso fue lo que pensé en ese momento, pero las cosas se desarrollaron de otra manera, para mi felicidad total, que tanto andaba buscando y por tantos años.

Al día siguiente y cuando ubiqué a la persona que yo quería ver, a quien conocía por más de 10 años, en viajes que hice a esta ciudad o viceversa, esta me recibió con mucho afecto y alegría, además de la sorpresa que le causé. Me preguntó por mis planes, a lo cual yo le contesté que iba en viaje a Queensland. Luego me preguntó qué iba a hacer allá y por qué no me quedaba aquí, y yo le contesté que mi doctor me recomendó el clima de esta ciudad y estoy siguiendo su consejo.

Después de conversar un par de horas y de acordarnos de diferentes cosas, decidí que ya era hora de marcharme. Mi amigo me dijo que no, porque él ya había arreglado con un tío suyo para que yo me quedara aunque fuera solamente por ese fin de semana; en vista de la insistencia, acepté la invitación y me quedé. En ese momento comenzó a cumplirse mi destino, que yo siempre he dicho que ya está escrito desde el día en que nacimos.

Justo también, por esos días, llegó a esta ciudad y desde el otro lado del mundo alguien a quien yo no conocía, y nuestros caminos se cruzaron cuatro meses después. "Así es la vida".

Ese fin de semana, tuve la oportunidad de ir a ver un partido de fútbol y conocer a otros chilenos. También pude darme cuenta de qué clase de gente vivía aquí. Noté desde que salí de Nueva Zelanda que el inglés en los latinos que había conocido, y asimismo en otros emigrantes, cada vez era peor; y de ciudad en ciudad, los niveles de cultura iban bajando. Tal vez será porque la comunidad es más grande o será como en toda ciudad cosmopolita, que la vida es más rápida y no hay tiempo para los detalles.

Esto me sirvió a mí para encontrar un trabajo inmediatamente. Alguien me ofreció un trabajo solamente porque yo hablaba inglés y tenía licencia para conducir. Después me daría cuenta de que la mayoría de los chilenos habían perdido sus licencias por diferentes razones. No quisiera dar más detalles.

Comencé a trabajar, pero desde el primer instante traté de no mezclarme mucho con la comunidad y hacer mi vida, en forma privada y tranquila. Por primera vez en años, no me conocía nadie y podía ir y venir sin que nadie se fijara en mí. Empecé a disfrutar este anonimato.

Un día cualquiera y por algo que no tendría que haber sucedido, conocí a alguien. Esta era una mujer joven y chilena. Era un lunes en la tarde y, después de conversar algo así como media hora, ella me invitó a una reunión de trabajo para el miércoles. Yo acepté y fue así como ese día fuimos a esta reunión. Después de dos horas y cuando terminó la reunión, esta persona me preguntó si tenía algo que hacer para el próximo viernes. Yo le contesté que no tenía nada planeado, y ella me preguntó si podría acompañarla junto con una amiga a una reunión bailable, ya que no querían ir solas. Yo acepté gustoso y quedamos en juntarnos ese viernes a las 7 de la tarde. Fue en ese momento cuando el destino metió su mano, para cambiar el rumbo de mi vida. Era el 29 de junio del 2001.

Faltando diez minutos para las 7 de la tarde, llegué a buscar a mi compañera y ella me dijo que su amiga vivía bastante cerca de allí. A las 7 en punto, llegamos a la puerta de una casa donde estaba esperando una simpática muchacha colombiana. Detuve mi vehículo y, cuando traté de salir de él para ir a abrir la puerta del otro lado, esta muchacha ya estaba instalada en el asiento; yo le pregunté:

—Buenas noches, ¿cómo está usted?

—Bien, ¿y tú? —me contestó ella.

Ese "tú" me llegó hasta lo más profundo del corazón, tal vez por la manera como lo dijo o por su acento cantarino para hablar español.

Llegamos al lugar y yo las invité a tomar una taza de café, ya que era algo temprano para la hora de la fiesta danzante.

Nos instalamos en una pequeña mesa y, antes de que llegara el café, yo saqué mis cigarrillos y les ofrecí a ellas; las dos los rechazaron y dijeron que no fumaban. Al ver esto, dije:

—Bueno, yo tampoco fumo.

Y dejé el paquete encima de la mesa.

Fabiola, que era el nombre de esta muchacha colombiana, los tomó y me dijo:

—Y usted ya no fuma más, porque no es bueno para su salud.

Acto seguido, los guardó en su bolso de mano.

Yo me sorprendí por todo esto y pensé que solamente la conocía por escasos minutos. Pero de inmediato comprendí que esta era la mujer que yo andaba buscando, y desde ahí en adelante no la dejé ni siquiera por un día.

Esa noche bailamos y conversamos bastante, y una o dos horas después, llegaron otras dos simpáticas damas a quienes yo conocía de antes, y así hicimos un solo grupo que disfrutamos plenamente. Cuando nos despedimos enfrente de su casa, yo, en forma muy disimulada, puse en su manito un papelito con mi número de teléfono. La vi al día siguiente y al siguiente, y por toda la semana. Y al final de esta, le envié un canastillo de flores, con una simple tarjeta que decía: "Para mi reina colombiana, con todo mi corazón. Johnny".

Parecía que me estaba enamorando, ¡y a mis años!

La amistad con esta personita comenzó y ella me contó que era peluquera y que trabajaba en su casa. Venía desde la ciudad de Medellín allá en Colombia, y era cristiana. Yo le conté algo de mi vida, ya que de verdad no sabía por dónde empezar, y le dije que no era cristiano. En realidad, nunca tuve ninguna religión, pero esto no ha significado que yo esté en contra de algún credo. A todos les respeto y acepto, que es lo que siempre he deseado que hagan conmigo. Fabiolita me aceptó tal como era.

Desde el principio, la acompañé a ella a su iglesia, donde fui presentado a mucha gente. Al comienzo me aceptaron, pero después, cuando se dieron cuenta de que yo no pertenecía a la religión, algunos de ellos me rechazaron de plano y, con el correr del tiempo, surgieron algunos problemas.

Una noche en que venía de vuelta a casa, después de haber estado disfrutando de la compañía de Fabiolita, al llegar me encontré con una gran noticia que estaba siendo expuesta en todos los canales de televisión. Ese día era el 11 de septiembre del 2001. Las imágenes mostraban el ataque aéreo que se efectuó en contra de las Torres Gemelas allá en Nueva York. Inmediatamente vino a mi cerebro el recuerdo de nuestro 11 de septiembre de 1973, cuando los aviones bombardearon nuestro Palacio de Gobierno en Santiago de Chile.

En aquella oportunidad, el ataque se efectuó gracias al apoyo logístico de algunos barcos de la Marina norteamericana, que en esos días se encontraban en la bahía de Valparaíso, con el pretexto de participar en algunas maniobras en conjunto con la Armada chilena.

Hoy día, exactamente 28 años después, el gigante norteamericano recibía su propia medicina. Personalmente, yo lamento la pérdida de vidas de todas aquellas personas inocentes que se encontraban en ese lugar, pero por desgracia la historia escribe sus capítulos con todas estas manchas de sangre.

Irónicamente, aunque en una forma automática, el mundo olvida el ataque del 11 de septiembre de 1973 a la democracia chilena. Pero después del incidente de las Torres Gemelas, esta fecha es recordada año tras año como una gran tragedia. "Así es la vida".

Las semanas y meses continuaron y yo seguía disfrutando de mi nueva vida, conociendo más y más a Fabiolita. También tuve oportunidad de conocer a toda su familia, a través de la línea telefónica. Aquí en Sydney, solamente conocí a su sobrina Dorita, quien la invitó a este país. Dorita y su esposo tenían dos simpáticas hijas, pero allá en Medellín había una familia bastante numerosa, además de un barrio tan espectacular como lo es El Rincón, con todos sus vecinos, que entre todos ellos hacen una sola familia.

Un año después de conocer a Fabiolita, le propuse matrimonio y ella me rechazó. Me dijo que no, por algunas razones. Yo no le dije nada, adopté una posición tranquila y esperé el momento oportuno. Un par de meses después, insistí por segunda vez y ella ahora me aceptó.

Al aceptarme, ella se encontró con algunas opiniones que no estaban de acuerdo con todo esto. Eran gente de la iglesia. Sin embargo, al final, Fabiolita aclaró su decisión y todos tuvieron que aceptar, aunque a algunos no les gustara. Pero las opiniones eran variadas y algunos pronosticaron que nuestro matrimonio no caminaría más allá de un par de meses.

Entretanto, yo tenía que arreglar mi situación legal, ya que nunca me divorcié en ninguna corte aquí en Australia. Tomé los servicios de un abogado y este me tramitó el divorcio en los próximos siete meses. Al fin era soltero nuevamente y ahora estaba en condiciones de contraer matrimonio con mi amor. Todo este tiempo nos había servido para conocernos más y más. Yo comencé a admirar a esta personita por varias razones; ella, en cierto modo, se parecía bastante a mí.

También tuvo una infancia bastante dura, estudió peluquería a temprana edad y salió adelante con mucho esfuerzo. Durante años, tuvo su salón de peluquería en un barrio muy aristocrático en la ciudad de Medellín. Asimismo, tuvo la oportunidad, y con grandes sacrificios, de juntar el costo para viajar a Israel, la Tierra Santa para todos los cristianos. Visitó también Francia, España y Egipto. Además, conoció toda su Colombia querida y otros países vecinos, pero nunca cambió su personalidad, humilde y llena de sinceridad y amor. Toda una aventurera igual que yo, pero siempre conservando sus verdaderas raíces.

Cap. XI

Comenzamos a preparar nuestra boda y fijamos la fecha, 29 de junio del 2003, exactamente dos años después desde el día en que nos vimos por primera vez. Decidimos realizar el matrimonio en la iglesia a la cual ella pertenecía, para así darles la oportunidad a todos ellos de que estén con nosotros. Y aquí sucedió algo increíble. Nosotros no habíamos invitado a nadie todavía; en realidad, no teníamos muchos amigos, a excepción de Juanito Madrid, su esposa Patricia y los cuatro hijos de ellos. Estos eran mis únicos y verdaderos amigos, desde casi el día en que yo llegué a Sydney. Eso era por parte mía.

Fabiolita no tenía amigas, todas eran clientas de la peluquería. Pero todas se invitaron ellas mismas y nosotros no pudimos rechazar a nadie.

—Fabiolita, yo tengo que estar en tu boda.

Esa fue la frase de todas ellas.

Al final, teníamos 140 personas en la boda. Era un lugar muy sencillo y no tan grande, tampoco tenía muchas comodidades. Pero el ambiente era de oro. Todos aportaron su cooperación de diferentes formas. La comida fue hecha por la gente de la iglesia, las fotos estuvieron a cargo de dos clientas de Fabiolita, la torta de novios también fue donada por ellas, la música la dirigió un muchacho ecuatoriano que yo conocía. En fin, todo un acontecimiento para ellos y para nosotros también. Una fiesta muy sencilla, pero con un calor humano de alta calidad.

Solamente tres personas rechazaron estar presentes; esa fue una muestra clara de su descontento hacia mí. Con el tiempo, estas personas me pidieron perdón y reconocieron haberse equivocado conmigo. Yo, desde el primer día de matrimonio, seguí igual y nunca he cambiado. Soy el mismo de siempre, pero con la diferencia de que ahora tengo una esposa que sabe valorarme y me trata con tanto cariño, que yo tendría que ser un verdadero canalla para portarme mal con ella. Esto yo se lo he dicho a todo el mundo, porque esa es la realidad.

Los años siguieron sumándose y desde el principio gocé mi nueva vida. Todavía me mantenía al margen de cualquier actividad dentro de la comunidad, seguía siendo un desconocido para muchos, y eso me dio tranquilidad; diría yo que estos años fueron los más tranquilos de toda mi vida. No dejé de trabajar en ningún momento y Fabiolita tenía una extensa clientela, lo cual nos permitía vivir modestamente, pero sin grandes problemas económicos. La fórmula era bien simple. Juntamos nuestros dineros e hicimos una caja común. Nada de separar lo mío de lo de ella. Pagamos nuestras cuentas, que tratamos que no sean excesivas, y el resto lo distribuimos de acuerdo con las necesidades de nuestra familia en Colombia.

Mi salud mejoró bastante y los problemas que tenía al principio parece que desaparecieron casi en su totalidad.

Estábamos en el 2006 y Fabiolita tenía que ausentarse del país por seis meses. Ella iba a Chile a arreglar su documentación. Yo me quedé aquí en Australia, solo. Pero sin embargo seguíamos juntos, a través de la línea telefónica. Conversábamos todos los días y nos sentíamos cerquita en todo momento. Para que Fabiolita no se sintiera tan abandonada, yo organicé el viaje desde Colombia hacia Chile de su hermana Olguita, la hija adoptiva de ella y su bebé. Todo un paquetito de felicidad. Yo me sentía muy satisfecho por todo esto aquí en Australia y pensaba que todo es posible en esta vida. Mientras tengamos salud y trabajo y seamos organizados en nuestros gastos, todos los proyectos se pueden desarrollar.

Por fin, el tiempo pasó rápidamente y Fabiolita volvió a Australia, con toda su documentación al día. Esto para mí fue un gran triunfo y me trajo bastante tranquilidad. Seguimos viviendo nuestra vida de enamorados y no nos dimos cuenta de cómo el tiempo avanzaba. Yo seguí en contacto telefónico ya por varios años con toda la familia de Fabiolita. Fue así como ya conocía bastante a Olguita, su hermana; a María Elena, una de sus sobrinas; a Luisa, Fernando, Albeiro, Adriana, Dora, María Paula, Camila y Sofía, además de algunos vecinos del barrio y algunas ex clientas de ella. Era un contacto que mantuve por bastante tiempo, semana a semana. Y era increíble cómo uno podía empezar a conocer y a querer a otra gente, aunque fuera a través del teléfono.

Estábamos ya a comienzos del 2009 y todo seguía igual, o sea, viento en popa, como diría un navegante. Yo seguía en estos mares de felicidad con mi compañera, camarada, amiga y compinche de todos mis planes. Ella siempre me comprendía y aprobaba todo lo que yo hacía. Yo también la apoyaba y la acompañaba en sus actividades de la iglesia. Aunque no compartía su fe, siempre estaba ahí y en estos días sucedió algo muy importante.

Llegaron aquí a Australia dos misioneros, un matrimonio de nacionalidad costarricense, miembros de la iglesia de Fabiolita, la cual nació en Colombia casi 50 años atrás; ellos vinieron a abrir un nuevo centro a este país. Esta iglesia ya está en otros 50 países alrededor del mundo; yo, desde el primer momento, apoyé la idea para que ella se reencontrara con sus raíces y fue así como mi esposa comenzó sus actividades en el Centi, nombre de este centro evangelista que, según mi opinión, es diferente a todo lo que he visto anteriormente. Fabiolita se sentía sumamente contenta y feliz. Yo la apoyaba incondicionalmente.

En el mes de julio del 2009, recibimos noticias desde Colombia que nos preocuparon bastante. Alonso, un hermano de mi esposa, se encontraba bastante mal de salud y era necesaria una cirugía mayor, para extirparle un cáncer de su garganta.

Al saber esto, yo le dije a ella que había que actuar rápidamente y le propuse que viajara dentro de las próximas 48 horas. Fabiolita al principio se negó, para no dejarme solo por segunda vez en tres años. Yo le insistí y le dije que ella tiene que estar en el lugar donde es necesario que esté. Organizamos todo y viajó con rumbo a Medellín. Yo me quedé aquí en Sydney y, por las primeras dos semanas, no pensé para nada en la decisión que tomé después. Repentinamente y cuando yo estaba trabajando como todos los días, pensé y me decidí. Era mi momento para volver. Llamé a la agencia de viajes y ya. Todo arreglado. Iría el 20 de noviembre.

Llegó el día indicado y ya me encontraba en el Aeropuerto, a escasos minutos para abordar la nave que me llevaría a través del océano. En la sala de espera, comencé a imaginar mi llegada a Medellín. Veía a esa familia que yo nunca imaginé que podría tener. Me veía abrazándoles a todos ellos de a uno por uno. Olguita, María Elena, Juancito, Luisa y sus niñas, Fernando, Iván, y todo el resto de esa gran familia; soñé por algunos minutos, hasta que el llamado para subir a la nave me hizo volver a la realidad. Y ahora recordé mi pasado en breves minutos, desde aquel día en que salí de Chile, sin saber a dónde iría ni de todos esos lugares en que viví por tantos años. Recordé también a toda esa gente que conocí y que me ayudó a desarrollar mis diversas actividades.

Comencé a caminar por el pasillo en dirección a la nave, hasta llegar a la puerta de abordo. Ahí estaba una simpática aeromoza; vi su nombre en su uniforme, Loreto se llamaba ella, quien me recibió con una amplia sonrisa y me dio la bienvenida. Algunos minutos después, el avión despegó y empezamos nuestra primera etapa de vuelo de tres horas, hasta llegar a la ciudad de Auckland, de mi querida Nueva Zelanda. El viaje fue muy placentero y me sentí bastante cómodo, al recibir una excelente atención en esta línea aérea de Chile. Estuvimos solamente una hora en este Aeropuerto y continuamos viaje, ahora con otra tripulación. Aquí estaba Jennifer, aeromoza y muy amigable, para atendernos por las próximas once horas que duraría esta segunda etapa, hasta llegar a Santiago de Chile. Aquí tendría una escala de siete horas hasta tomar otra nave que me llevaría a Colombia. Llegaré a mi país aunque sea por siete horas, después de tantos y largos años. Podría decir ahora que mi vida de exiliado ha terminado. Salí de Sudamérica un día de noviembre de 1974 y vuelvo un día de noviembre del 2009. Exactamente 35 años después.

Índice

35 años después	5
Prólogo	9
Cap.I	11
Cap.II	17
Cap.III	25
Cap.IV	31
Cap.V	55
Cap.VI	99
Cap.VII	113
Cap.VIII	127
Cap.IX	141
Cap. X	155
Cap.XI	163
Editorial LibrosEnRed	171

Editorial LibrosEnRed

LibrosEnRed es la Editorial Digital más completa en idioma español. Desde junio de 2000 trabajamos en la edición y venta de libros digitales e impresos bajo demanda.

Nuestra misión es facilitar a todos los autores la **edición** de sus obras y ofrecer a los lectores acceso rápido y económico a libros de todo tipo.

Editamos novelas, cuentos, poesías, tesis, investigaciones, manuales, monografías y toda variedad de contenidos. Brindamos la posibilidad de **comercializar** las obras desde Internet para millones de potenciales lectores. De este modo, intentamos fortalecer la difusión de los autores que escriben en español.

Ingrese a **www.librosenred.com** y conozca nuestro catálogo, compuesto por cientos de títulos clásicos y de autores contemporáneos.

www.ingramcontent.com/pod-product-compliance
Lightning Source LLC
Chambersburg PA
CBHW021811220426
43662CB00006B/271